本书受到以下基金资助：

常州大学人文社科出版基金（批准号：8514230021）；

江苏省高校哲学社会科学"江苏省制造业出口韧性的提升策略研究"项目（批准号：2020SJA1220）

供给侧改革下出口质量提升对产出波动的影响研究

代智慧　著

武汉大学出版社

图书在版编目(CIP)数据

供给侧改革下出口质量提升对产出波动的影响研究/代智慧著.—武汉:武汉大学出版社,2021.10

ISBN 978-7-307-22516-9

Ⅰ.供… Ⅱ.代… Ⅲ.出口产品—产品质量—影响—出口贸易—研究—中国 Ⅳ.F752.62

中国版本图书馆 CIP 数据核字(2021)第 162449 号

责任编辑:蒋培卓 责任校对:汪欣怡 版式设计:马 佳

出版发行:**武汉大学出版社** (430072 武昌 珞珈山)

(电子邮箱:cbs22@whu.edu.cn 网址:www.wdp.com.cn)

印刷:武汉市宏达盛印务有限公司

开本:787×1092 1/16 印张:10.5 字数:246 千字 插页:1

版次:2021 年 10 月第 1 版 2021 年 10 月第 1 次印刷

ISBN 978-7-307-22516-9 定价:49.00 元

版权所有,不得翻印;凡购买我社的图书,如有质量问题,请与当地图书销售部门联系调换。

前　言

经济波动是和经济增长同等重要的话题，经济进入新常态，更加强调经济发展的稳定性。2008 年全球经济危机之后，我国经济波动加剧，"逆全球化"思潮泛滥，国际经贸关系更加复杂。2018 年 7 月 31 日中共中央政治局召开会议提出"六稳"，指出当前外部环境发生明显变化，经济运行面临新问题新挑战，应该"坚持稳中求进工作总基调，落实高质量发展要求"。同时，出口质量提升属于供给侧改革的重要内容，"十三五"规划提出"以供给侧结构性改革为主线，经济保持中高速增长"和"推动外贸向优质优价转变，加快建设贸易强国"的战略目标。供给侧结构性改革的推进有利于出口质量的提升，出口质量提升又会影响到经济波动。出口质量提升的过程中，由于技术创新、产品升级换代和资源的重新配置等带来的风险可能会加剧经济波动。同时，由于出口质量的提升优化了产品结构，提高了比较优势，可以更好地抵御外部冲击进而抑制经济波动。因此，研究出口质量提升对经济波动的影响，不仅有利于防范和化解出口质量升级过程中可能出现的风险，而且有利于寻找通过高质量发展战略减少经济波动的有效路径。

稳定经济增长是经济学界追求的重要目标，但是现有研究主要关注出口质量的经济增长效应，而对其经济波动效应重视不足，尤其缺乏微观理论机制的解释。近年来对经济波动来源的研究拓展到微观企业层面，因为微观企业波动对宏观经济波动有很大的影响，更为重要的是，只有从微观企业层面出发，才能更好地寻找外部冲击影响经济波动的精确传导机制。本书尝试从出口质量的新视角出发，研究中国制造业企业产出波动的来源，厘清出口质量提升影响产出波动的微观机制，丰富有关国际贸易对经济发展影响的文献。旨在回答以下几个问题：中国制造业企业出口质量与产出波动呈现怎样的特征事实和演变趋势？出口质量提升是否会影响产出波动？出口质量提升是增加了风险进而加剧了产出波动，还是抵御了外部冲击进而减少了产出波动？出口质量提升影响产出波动的微观机制是什么？

首先，在理论机制部分，基于"新新国际贸易理论"中质量异质性模型对消费者效用和出口质量的基本设定，借鉴 G. Vannoorenberghe（2012）波动与出口的理论分析框架、Blanchard 和 Kremer(1997)的不完美契约模型、Costinot(2009)的劳动分工模型以及能力理论的思想，引入出口质量异质性，建立数理模型，分析出口质量提升影响产出波动的出口强度效应和技术效应。同时，构建概念模型分析市场效应，说明出口质量提升通过供给侧多样化效应和需求侧收入效应影响产出波动的理论机制。然后，利用 2000—2013 年海关贸易数据库和工业企业数据库，采用 Khandelwal 等（2013）的 KSW 方法测算了企业—产品—目的地—年份四维的出口产品质量，并借鉴 Melitz 和 Polanec(2015)提出的动态 OP

分解方法进一步将出口产品质量进行二元边际分解。同时，用标准差法和残差法测算了企业产出波动，并把产出波动分解为出口波动(产出的出口销售波动)和国内波动(产出的国内销售波动)。最后，在测算的基础上，采用中介效应模型、门槛效应模型、OLS 回归模型和 Heckman 选择模型分别检验了理论机制中的出口强度效应、技术效应和市场效应。由于总产出波动可以分解为出口波动和国内波动，而出口质量提升对这两部分波动的影响不同，因此首先分别检验其对国内外波动的影响，进而检验其对总产出波动的影响，这样可以更好地理解和分析出口质量提升对总产出波动的影响。

通过理论与实证的研究，得出以下主要结论：

第一，2000—2013 年中国制造业企业整体出口质量经历了增长—下降—增长三个阶段，加入 WTO 之后增长较快，金融危机之后快速下降，后危机时期逐步上升。第一个阶段增长的主要原因是持续出口产品质量的升级，第二个阶段下降的主要原因是受金融危机的冲击，持续出口产品质量的下降和较高质量产品的退出，第三个阶段增长的主要原因是持续出口产品质量的升级和较高质量产品的进入，出口质量升级的动力加强。关于行业出口质量，大部分行业出口质量没有明显上升，呈现震荡趋势，高技术行业出口质量有小幅提升，尤其是金融危机之后提升较快。关于地区出口质量，长三角地区出口质量较高，珠三角地区出口质量较低，同时中西部地区出口质量较低。关于不同类型的企业，加工贸易企业和非国有企业的出口质量优于一般贸易企业和国有企业，一般贸易企业受金融危机的影响更大。

第二，2008 年全球经济危机之后，中国制造业企业整体产出波动加剧了 81.04%，出口波动加剧了 181.82%，出口波动远大于产出波动。同时，加入 WTO 和金融危机所产生的外部冲击都加剧了整体产出波动。对于行业产出波动，低技术行业和高技术行业的产出波动更加剧烈。关于地区产出波动，东部地区出口波动明显大于总产出波动和国内波动，这一特征事实在中西部地区表现不明显，说明贸易强度大的地区风险更大。关于不同类型的企业，一般贸易企业和非国有企业的产出波动大于加工贸易企业和国有企业。相对于资本和技术密集型企业，劳动密集型企业的出口波动明显大于国内波动和总产出波动。

第三，通过建立均衡模型发现，对于有内外销售市场并且连续出口的企业，出口质量的提升通过出口强度的增加减少了出口波动，加剧了国内波动，国内外销售的负相关关系是该结论背后的原因。在分别考察了出口波动和国内波动之后，重点考察总产出波动，发现当出口强度小于门槛值时，出口质量的提升能够减少总产出波动，大于门槛值则结果相反。利用 2000—2013 年中国制造业企业数据进行检验，实证结论与理论命题基本一致，出口质量提升能够减少出口波动，但是没有起到减少国内波动的作用。出口强度是出口质量影响出口波动、国内波动和总产出波动的部分中介效应。当出口强度小于门槛值 0.411 时，出口质量的提升能够起到降低总产出波动的作用。关于不同类型企业，加工贸易企业出口质量的提升可以降低出口波动，资本和技术密集型企业出口质量的提升加剧了国内波动和总产出波动。出口质量的集约边际即持续出口产品质量的提升能够起到抑制出口波动的作用，拓展边际即新进和退出产品质量的提升均加剧了出口波动和总产出波动。

第四，基于不完美契约模型和劳动分工模型的理论框架，引入能力理论的思想建立数理模型，发现出口质量提升通过技术效应降低了产出波动，技术效应主要包括人力资本因素和中间品投入的多样化。实证检验的结论与理论命题基本一致，出口质量提升抑制我国制造业企业产出波动的驱动因素主要是技术效应中的人力资本密集度。关于不同类型的企业，轻型制造业企业、低中技术企业和一般贸易企业的出口质量与产出波动的负向关系更为显著。由于金融危机期间我国出口波动更加剧烈，不同于经济平稳发展阶段的表现，进一步实证检验了金融危机期间出口质量对出口波动的影响，发现面临危机冲击时企业出口质量越高，出口波动越小，说明出口质量较高的企业在一定程度上能够抵御外部冲击，但是对于高技术行业的企业，出口质量越高出口波动越大。

第五，基于"新新国际贸易理论"和产出波动的相关理论，建立概念模型发现出口质量提升通过市场效应影响了产出波动。市场效应包括供给侧多样化效应和需求侧收入效应。供给侧多样化效应指产品质量高的企业出口市场更加多样化，而出口市场的多样化能够分散风险，进而起到抑制产出波动的作用。需求侧收入效应指高质量产品一般被高收入国家的高收入群体消费，而这部分消费群体的收入比较稳定，对高质量产品的需求也比较稳定，进而稳定了高质量产品的产出。企业出口高质量的产品影响了产品的供给和需求，多样化的供给和高收入群体的需求进一步影响了产出波动。进一步实证检验发现，对于中国制造业企业，2000—2006年金融危机之前，市场效应并没有显现出来。但是在2006—2011年金融危机期间，出口质量提升通过市场效应降低了出口波动，进而降低了总产出波动。市场效应是部分中介效应，占总效应的50.2%。说明市场供需对外部冲击的反应更加敏感，因此当面临危机冲击时，市场效应更显著。

本书的研究结论为经济新常态下"调结构、稳增长"的战略提供了理论与实证的支持，具有以下政策启示：（1）充分发挥出口质量提升抵御外部冲击进而减少产出波动的作用；（2）适度调整出口导向战略，转变贸易发展方式，从过去的要素驱动转向创新驱动，从过去的数量优势转向质量优势；（3）近年来我国从"人口红利"转向"人才红利"，充分发挥人力资本新优势，推动出口质量升级，进而减少产出波动；（4）防范和化解出口质量升级过程中的风险，尤其是对于高技术行业，应该循序渐进地推进高质量发展，不可急功近利、拔苗助长。

目 录

导　　论

第一节　研究背景与研究意义

一、研究背景

2008 年全球经济危机之后，我国经济波动加剧。危机之前，1999—2003 年制造业企业产出增长率的标准差是 0.053，出口增长率的标准差是 0.099。2004—2008 年制造业企业产出增长率的标准差是 0.211，出口增长率的标准差是 0.264。危机之后，2009—2013 年制造业企业产出增长率的标准差是 0.382，出口增长率的标准差是 0.744。危机发生后，产出波动加剧了 81.04%，出口波动加剧了 181.82%，出口波动比产出波动更加剧烈（图 0-1）①。该轮经济危机后"逆全球化"思潮泛滥，国际经贸关系更加复杂，我国经济进入新常态，更加强调经济的稳定发展。2018 年 7 月 31 日，中共中央政治局召开会议提出"六稳"，指出当前外部环境发生明显变化，经济运行面临新问题新挑战，应该"坚持稳中求进工作总基调，落实高质量发展要求"。

自该轮全球经济危机之后，经济波动加剧，经济增速下降，结构性产能过剩，创新驱动不足以及经济结构不合理等问题凸显出来。面对经济新常态下的各种问题，党中央做出深化供给侧结构性改革的战略部署。2015 年 11 月 10 日，在中央财经领导小组第十一次会议上，习近平总书记首次提到"供给侧结构性改革"，他强调着力加强供给侧结构性改革，着力提高供给体系质量和效率。2016 年 1 月 27 日，中央财经领导小组第十二次会议，进一步研究了供给侧结构性改革方案。2017 年 10 月 18 日，习近平总书记在十九大报告中指出，深化供给侧结构性改革，必须把发展经济的着力点放在实体经济上，把提高供给体系质量作为主攻方向，显著增强我国经济质量优势。2018 年政府工作报告指出"坚持以供给侧结构性改革为主线，统筹推进稳增长"。供给侧结构性改革的产生和发展是以习近平总书记为核心的党中央在社会主义改革开放、发展新阶段的实践中不断探索的产物。

在供给侧结构性改革背景下，出口质量升级属于国际贸易供给侧结构性改革的重要内容。"十三五"规划提出"以供给侧结构性改革为主线，经济保持中高速增长"和"推动外贸向优质优价转变，加快建设贸易强国"的战略目标。供给侧结构性改革的推进有利于中国

---

①　根据工业企业数据库的统计数据计算得出。

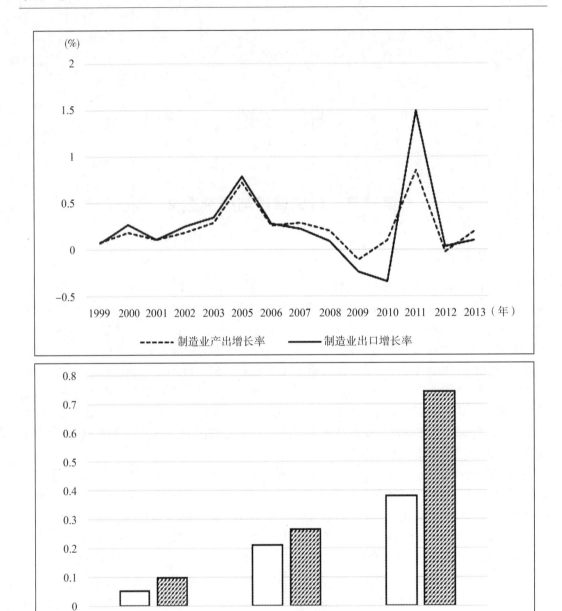

图 0-1　1999—2013 年制造业企业产出波动和出口波动变化图

出口质量的提升，减少无效供给，培育竞争新优势。改革开放 40 多年以来，中国充分利用丰富的低端要素优势，积极融入全球要素分工体系，以开放的姿态承接西方产业和技术转移。抓住了全球化带来的机遇，取得了经济发展的巨大成就，成了世界制造业中心。但是，随着以中国为代表的新兴经济体的崛起，世界经济格局发生了转折性变化。发达经济体纷纷转向保护主义，以中国为代表的发展中国家倡导自由贸易和建立开放型的世界经济。中国的开放，一直受到"低端锁定""妨碍自主创新"和"只赚数字不赚钱"等质疑。"逆全球化"思潮的泛滥，发达国家对中国企业技术升级的压制，一方面给中国继续获取开放红利带来了严峻挑战，另一方面也是中国出口质量升级、国际贸易转型的战略机遇。

在上述现实背景下，中国出口质量提升是否会影响经济波动？出口质量的提升是增加了风险进而加剧了经济波动，还是抵御了外部冲击进而起到减少经济波动的作用？出口质量提升影响经济波动的微观机制又是怎样的？这些都是亟待研究的课题。

二、研究意义

(一)理论意义

经济波动是和经济增长同等重要的话题，探讨经济波动的原因及其规律一直是学术界研究的重要目标。长期以来，经济波动的研究主要关注供给、需求、技术或劳动力等直接冲击因素。近年来，对经济波动来源的研究从直接冲击因素拓展到间接冲击因素。2008年经济危机爆发以后，国际贸易作为其中的一个间接冲击因素，对经济波动的影响再次受到重视。已有研究在讨论中国经济波动的原因时，对国际贸易等间接冲击因素分析得不够，尤其是对出口质量因素分析得非常少。对努力提升出口质量的中国来说，探讨出口质量提升对经济波动的影响及理论机制非常重要。本书的研究可以为有关国际贸易与经济发展关系的文献提供新的视角，并且为"调结构、稳增长"与"外贸发展从规模扩张向质量提高转型"的战略目标提供理论支撑。

对经济波动来源的研究不仅拓展到间接影响因素，而且拓展到微观企业层面。从微观层面研究经济波动有重要的理论意义，微观企业波动对宏观经济波动有很大的影响，并且只有从微观企业层面出发，才能更好地探究外部冲击对经济波动的精确传导机制。因此，本书基于 G. Vannoorenberghe(2012)波动与出口的理论分析框架，引入企业出口质量异质性，刻画了出口质量提升影响企业产出波动的微观理论机制，并利用 2000—2013 年中国海关数据库和工业企业数据库实证检验了理论机制，从出口质量的新视角出发，为中国制造业企业的产出波动提供了微观解释。

从研究出口质量的文献来看，"新新国际贸易理论"将企业异质性与产品质量结合起来提出了"质量扩展型异质性企业模型"(Quality-augmented Heterogeneous Firm Models)。近年来，随着国际贸易的研究重点由出口数量转向出口质量，出口质量问题成为国内外学术界研究的热点。已有文献对出口质量的测算、影响因素及其经济增长效应等作了比较深入的分析，但是对出口质量的经济波动效应分析得不够，本书的研究也丰富了有关出口质量经济效应的文献。

(二)现实意义

"经济新常态"之前，出口导向战略是拉动我国经济增长的重要战略，外贸发展呈现"大进大出"的对外开放模式，制造业难以摆脱全球价值链低端锁定困境。2018 年国务院政府工作报告首次提出"高质量发展"，中国经济由高速增长阶段进入高质量发展阶段。高质量发展是根本发展要求，要坚持以提高质量和核心竞争力为中心，坚持创新驱动发展，扩大高质量产品供给。引导企业形成自己独有的比较优势，鼓励企业自主创新，增强产品竞争力。"推动外贸向优质优价转变，加快建设贸易强国"成为外贸发展的新理念和新目标。通过供给侧结构性改革，统筹产业转型升级和要素投入结构合理化，将促进我国产业、产品迈向中高端，提升出口质量。

而在强调提升出口质量的同时，保持经济的稳定增长同等重要。提升经济增长质量和减少经济波动是"新常态"下中国经济转型升级的两大艰巨任务。经济进入新常态，更加强调经济的稳定发展。稳中求进工作总基调是治国理政的重要原则，"稳"和"进"是辩证统一的，要作为一个整体来把握。供给侧结构性改革的推进有利于中国出口质量的提升，出口质量提升又会影响到经济波动，这就凸显了研究新形势下出口质量提升对经济波动影响的重要意义。

出口质量提升的过程中，由于技术创新、产品升级换代和资源的重新配置等带来的风险可能会加剧经济波动。同时，由于出口质量的提升优化了产品结构、提高了比较优势，可以更好地抵御外部冲击进而抑制经济波动。因此，研究出口质量提升对经济波动的影响，以及如何影响了经济波动，不仅有助于规避出口质量升级可能带来的风险，而且有助于寻找通过高质量发展战略化解经济波动的有效路径，最终达到使经济运行更加稳健的目标。同时也有助于应对贸易战、发达国家"再工业化"以及全球新一轮工业革命，在对外开放新阶段找准着力点，抓好结合点。

因此，本书的研究丰富了有关国际贸易与经济发展关系的文献，并为我国经济新常态下"高质量发展"和"调结构、稳增长"的战略提供了理论与实证的支持。

第二节　研究思路、内容与方法

一、研究思路

本书从新常态下经济波动加剧的事实出发，针对现有研究对中国出口质量的经济波动效应关注不足，提出本书待研究的问题，即出口质量提升对经济波动的影响及机制。

为了更好地明确研究思路，首先界定本书的核心概念：

第一个核心概念是出口质量。从不同的分析层面，出口质量可以分为宏观国家层面的出口质量、中宏观行业与地区层面的出口质量和微观企业层面的出口质量。本书要研究的是微观层面的出口质量，即每个制造业企业的每种产品出口到不同目的地的质量。

第二个核心概念是经济波动。经济波动是一个广义的概念，从不同的经济变量分析，包括产出波动、生产率波动、投资波动、消费波动和就业波动等，绝大多数文献分析经济波动时指的是产出波动，本书也是用产出波动来衡量经济波动。从不同的分析层面，分为宏观经济波动和微观经济波动，本书研究的是微观经济波动，即制造业企业的产出波动。

此外，为了更细致地分析和更好地理解出口质量提升对产出波动的影响，本书将企业产出波动分解为出口波动和国内波动。对于同时具有国内外两个市场的企业，其总产出可以分解为两个部分，一部分产出销售到国外市场，一部分产出销售到国内市场。因此，产出波动也分为两个部分，销售到国外市场的产值的波动被定义为出口波动，销售到国内市场的产值的波动被定义国内波动。由于企业国内外市场存在联动关系，出口质量提升对国内波动的影响与对出口波动的影响是不同的，通过分别研究其影响机制，才能更好地理解出口质量提升对总产出波动的影响。

具体的研究思路如下：

首先，研究出口质量提升影响产出波动的理论机制。本书发现出口质量提升主要通过三种效应影响产出波动：第一，出口强度效应。基于 G. Vannoorenberghe（2012）波动与出口的理论分析框架，引入企业出口质量异质性，建立均衡模型，刻画出口质量通过出口强度影响产出波动的理论机制。由于企业的国内外销售市场存在联动关系，出口强度效应对出口波动和国内波动的影响不同，因此在这一部分先分别讨论了出口质量提升对出口波动和国内波动的影响机制，在此基础上进一步探讨其对总产出波动的影响机制；第二，技术效应。借鉴 Blanchard 和 Kremer（1997）的不完美契约模型和 Costinot（2009）的劳动分工模型以及能力理论的思想，说明出口质量提升通过技术效应影响产出波动的理论机制，技术效应包括人力资本因素和中间投入的多样化；第三，市场供需效应。基于"新新国际贸易理论"的相关研究，说明出口质量提升通过市场效应影响产出波动的理论机制，市场效应包括供给侧多样化效应和需求侧收入效应。

然后，测算我国制造业企业的出口质量与产出波动。本书采用 Khandelwal 等（2013）提出的 KSW 方法测算出口产品质量，KSW 方法是目前使用最为广泛的测算微观产品质量的方法。由于出口产品质量的动态演进中存在产品的进退，因此本书借鉴 Melitz 和 Polanec（2015）提出的动态 OP 分解方法，进一步将出口质量分解为集约边际（持续出口产品效应）和扩展边际（进入/退出产品效应）。此外，采用标准差法和残差法两种方法测算企业产出波动，并将产出波动分解为出口波动和国内波动。在测算的基础上，详细分析了我国制造业企业出口质量和产出波动的特征事实。

第三，利用 2000—2013 年中国海关数据库和工业企业数据库实证检验出口质量提升影响产出波动的理论机制。实证检验分为两个部分：第一部分是对出口强度效应的检验。这一部分采用 KSW 方法测算出口质量，即用剔除市场份额中价格因素后的剩余部分来衡量质量。这种测算方法是从需求视角理解出口质量，同等价格下市场份额更高，消费者更偏好的产品质量越高。采用这一测算方法的原因是，出口质量的含义与这部分理论机制中对出口质量的设定更加一致；第二部分是对技术和市场效应的检验。这一部分采用 Hausman 和 Hidalgo（2010）基于能力理论的反射法测算的产品内出口复杂度来衡量出口质量，这种测算方法是从供给视角理解出口质量。Rodrik（2006）指出产品内出口复杂度和产品间出口复杂度的区别，并认为产品内出口复杂度衡量的就是出口产品质量。反射法用产品的普遍性来衡量产品出口复杂度，普遍性可以理解为产品的竞争优势，该测算方法从产品供给的视角用产品自身的比较优势来衡量出口产品质量。采用这一测算方法的原因有两个，一个是这种测算方法的内涵与这一部分的理论机制更加契合，另一个是这一测算方法更加利于寻找产出波动性的可能驱动因素。

最后，基于理论与实证的研究结论，对在经济新常态下，针对如何规避出口质量提升可能带来的风险，通过高质量发展战略抵御外部冲击，减少经济波动，使经济运行更加稳健等问题提出政策建议。

二、研究内容

依据研究思路，本书将从以下七个部分进行研究，具体安排如下：

第一部分为导论。本部分首先根据选题背景提出本书的研究问题，说明研究的理论和现实意义。2008 年全球经济危机之后，我国经济波动加剧。面对经济新常态下的各种问题，党中央做出深化供给侧结构性改革的战略部署。出口质量升级属于国际贸易供给侧结构性改革的重要内容，因此研究出口质量提升如何影响了经济波动不仅可以丰富有关国际贸易与经济发展关系的文献，而且为我国"调结构、稳增长"的战略提供有力支持。然后导论部分介绍了本书的研究思路、研究内容、研究方法及可能的创新点与不足。

第二部分为文献综述。本部分主要是梳理供给侧结构性改革、出口质量与经济波动相关的文献，并对现有的研究进行评述。(1)回顾有关供给侧结构性改革的产生、发展以及任务的相关文献，说明出口质量的提升属于国际贸易供给侧结构性改革的重要内容。(2)梳理有关出口质量的文献，分析国际贸易中产品质量异质性的研究，总结和评述目前出口质量测算方法的优缺点，归纳有关出口质量经济增长效应的文献，为本书的研究提供启发。(3)回顾有关经济波动的经典理论，梳理近年来有关经济波动研究的进展，归纳直接因素和间接因素对经济波动的影响研究，宏观层面和微观层面经济波动的研究，着重分析间接因素对微观层面经济波动的影响，为本书的研究提供切入点和理论依据。

第三部分分析出口质量提升影响产出波动的理论机制。由于所有理论机制都是基于质量扩展型的异质性企业贸易模型，因此在这一部分首先阐述该模型的基本设定和理论框架。然后借鉴质量异质性模型中对消费者效用和出口产品质量的设定，在 G. Vannoorenberghe (2012)波动与出口的理论分析框架中，引入企业出口质量异质性，建立均衡模型，刻画出口质量提升通过出口强度效应影响产出波动的理论机制。由于出口质量提升影响产出波动的机制不仅仅只有出口强度效应，还有其他渠道，因此本书基于"新新国际贸易理论"和能力理论的思想继续从技术效应和市场效应的视角，分析了出口质量提升影响产出波动的理论机制。在探讨理论机制的基础上，提出本书待检验的命题。

第四部分是对制造业企业出口质量与产出波动的测算及特征事实的描述。首先利用 2000—2013 年海关贸易数据库和工业企业数据库，采用 Khandelwal 等(2013)的 KSW 方法测算了企业—产品—目的地—年份四维的出口产品质量，并借鉴 Melitz 和 Polanec(2015)提出的动态 OP 分解方法进一步将出口产品质量进行二元动态分解。然后用标准差法和残差法测算了企业产出波动，并把产出波动分解为出口波动和国内波动。最后对出口质量和产出波动从行业维度、地区维度、企业异质性维度进行特征事实和演进趋势的比较分析。

第五部分是出口质量提升通过出口强度效应影响产出波动的机制检验。由于海关数据库和工业企业数据库非常繁杂，本部分首先对数据进行筛选、指标统一、匹配、指标平减等一系列工作，最后形成制造业企业非平衡面板的大样本数据，再根据移动窗口方法将企业产出波动的截面数据整合成面板数据。然后采用中介效应模型和门槛效应模型进行机制检验，由于出口强度效应在国内波动和出口波动中的表现不同，因此对国内外波动进行分别检验，在国内外波动检验的基础上再进行出口质量对总产出波动的机制检验。此外，进一步对不同贸易方式、不同要素密集度的异质性企业进行分类检验，发现不同异质性企业中出口质量影响产出波动的不同规律。在拓展性分析中，进一步考察出口质量二元边际对总产出波动的影响。

第六部分是出口质量提升通过技术和市场效应影响产出波动的机制检验。这一部分采用最小二乘法（OLS）、两阶段最小二乘法（TSLS）和 Heckman 选择模型检验了技术效应中的人力资本因素和技术多样化效应，市场效应中的供给侧多样化效应和需求侧收入效应。同时对不同贸易方式、不同所有制和不同技术水平的企业进行分类检验。考虑到金融危机期间出口波动加剧，不同于经济平稳发展阶段的表现，而出口波动是出口企业总产出波动的重要组成部分，因此在这一部分的拓展性分析中，进一步检验金融危机期间出口质量影响出口波动的特殊性。

第七部分为结论和政策建议。本部分总结出口质量提升对产出波动的影响，以及三种主要的影响渠道，即出口强度效应、技术效应和市场效应，得出研究结论。最主要的结论有两个：第一，当出口强度小于门槛值时，出口质量提升可以通过出口强度的增加抑制产出波动；第二，人力资本因素是出口质量提升抑制产出波动的主要渠道。然后基于理论与实证的研究结论，对在经济新常态下，针对如何规避出口质量升级可能带来的风险，以及通过高质量发展战略化解外部冲击，保持经济持续稳定增长等问题提出政策建议。对应最主要的两个结论政策建议为：第一，适度调整出口导向战略，促进国际贸易转型升级，从过去的要素驱动转向创新驱动，从过去的数量优势转向质量优势；第二，充分利用当前我国的"人才红利"，推动出口质量升级，进而减少产出波动。

三、研究方法

研究方法是否得当直接决定了研究结论的准确性和可靠性。本书的研究具有较强的理论性和现实性，既要继承国内外现有对出口质量的经济增长效应和国际贸易对经济发展影响的研究成果，又需要从出口质量的新视角理解经济新常态下微观企业产出波动的原因，并讨论不同异质性企业之间的差异，以保证从多角度和多层次来研究出口质量提升如何影响了产出波动。因此，本书主要采用以下方法，来保证研究结果的可靠性。

一是理论分析和经验分析相结合。在理论分析方面，本书在国内外相关文献的基础上，发现出口质量提升影响产出波动的理论机制主要包括三种效应。首先，基于波动与出口的理论分析框架，借鉴质量扩展型异质性企业模型中对出口质量设定的思路，引入企业出口质量异质性，刻画出口质量提升通过出口强度效应影响产出波动的理论机制。然后，在 Krishna 和 Levchenko（2013）的理论框架下，借鉴 Blanchard 和 Kremer（1997）的不完美契约模型、Costinot（2009）的劳动分工模型以及能力理论的思想，说明出口质量提升通过技术效应影响产出波动的理论机制。最后，基于"新新国际贸易理论"的相关研究，说明出

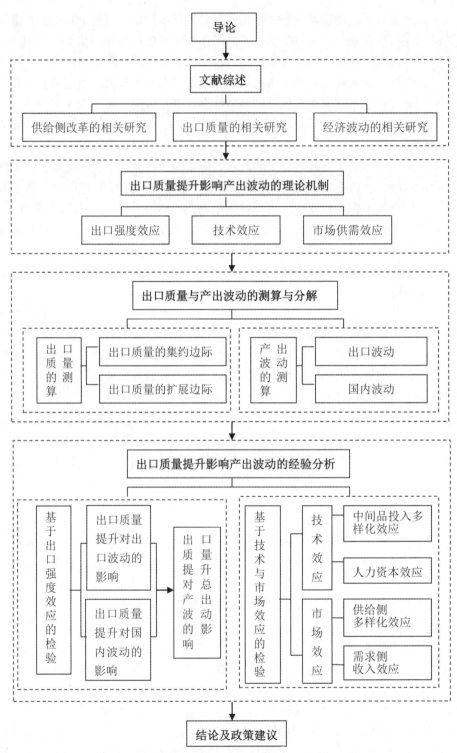

图 0-2　技术路线图

口质量提升通过供给侧多样化效应和需求侧收入效应影响产出波动的理论机制。在理论分析的基础之上，本书整理、匹配中国海关贸易数据库和工业企业数据库，形成企业—年份—产品—目的地四维的大样本数据，构建相应的计量模型，从产品—企业微观层面进行实证分析。实证分析主要采用的计量方法有：(1)使用最小二乘法(OLS)、面板固定效应模型(FE)和 Heckman 选择模型来检验出口质量提升对产出波动的影响；(2)使用中介效应模型、调节效应模型和门槛效应模型来检验出口质量提升影响产出波动的理论机制；(3)使用两阶段最小二乘法(TSLS)以及系统广义矩估计法(SYS GMM)解决内生性问题。

二是比较分析法。为了探寻不同类型企业出口质量提升影响产出波动的不同规律，本书从不同地区、不同行业、不同贸易方式、不同所有制、不同要素密集度以及不同技术水平等方面对制造业企业进行划分，比较分析东、中、西部地区企业、一般贸易和加工贸易企业、国有企业和非国有企业、劳动密集型和资本技术密集型企业、高中低技术水平企业的不同规律。通过比较分析法，可以更加全面地了解中国制造业企业出口质量与产出波动的演变特征以及出口质量提升对产出波动的影响，进而可以更有针对性地提出具体的政策建议。

三是静态分析和动态分析法。静态分析是不加入时间因素，研究处于静止状态经济因素的表现和规律。动态分析是加入时间因素，研究经济因素的演变过程，以及经济因素之间在变化过程中呈现的关系。本书在分析出口质量提升影响产出波动时将静态分析和动态分析结合起来，不仅分析不同时点出口质量与产出波动的静态特征，而且研究出口质量与产出波动随时间变化呈现的关系和规律，这样既可以抓住经济因素静态时的本质，又能在运动发展中认识二者的演变趋势以及呈现的相互关系。

第三节　创新与不足

一、创新之处

本书在我国供给侧结构性改革的大背景下，从出口质量的新视角出发，研究中国制造业企业产出波动的来源，厘清出口质量提升影响产出波动的微观理论机制，并进行实证检验。可能的创新之处主要有：

第一，本书为理解中国制造业企业产出波动提供了一个新的视角。2008 年全球经济危机后，国际贸易对经济波动的影响再次受到重视，大多数文献认为贸易开放引入的冲击加剧了经济波动，少数文献发现国际贸易引起的专业化和多样化能够减少经济波动。而目前似乎还没有文献从出口质量的视角理解产出波动，质量异质性作为"新新国际贸易理论"的重要发展，很多文献关注出口质量的经济增长效应，而对其经济波动效应关注很少。出口质量提升是我国供给侧结构性改革的重要内容，出口质量升级的过程中，由于技术创新、产品升级换代和资源的重新配置等带来的风险可能会加剧产出波动。同时，由于出口质量的提升优化了产品结构、突显了比较优势，进而可以更好地抵御外部冲击、减少产出波动。因此，本书从出口质量这个新的视角理解产出波动的原因，为新常态下经济的稳定发展提供理论和实证的支撑。

第二，厘清出口质量提升影响产出波动的微观理论机制。本书发现出口质量提升主要通过三种效应影响产出波动，即出口强度效应、技术效应和市场效应。本书首先基于G. Vannoorenberghe（2012）波动与出口的理论分析框架，同时借鉴质量异质性模型中对消费者效用和产品质量的基本设定思路，引入企业出口质量异质性，建立均衡模型，刻画出口质量提升通过出口强度效应影响产出波动的理论机制。然后在 Krishna 和 Levchenko（2013）的理论框架下，借鉴 Blanchard 和 Kremer（1997）的不完美契约模型、Costinot（2009）的劳动分工模型以及能力理论的思想，建立数理模型说明出口质量提升通过技术效应影响产出波动的理论机制。最后，基于企业质量异质性和产出波动的相关理论，构建概念模型说明出口质量提升通过供给侧多样化效应和需求侧收入效应影响产出波动的理论机制。

第三，从微观企业层面探究新常态下我国经济波动的来源。近年来对经济波动来源的研究从宏观层面拓展到微观企业层面，从微观企业层面研究经济波动意义重大。企业经济系统与宏观经济系统相互作用，微观企业波动对宏观经济波动有很大的影响，要研究宏观经济波动必须深入到微观企业层面，只有从微观企业层面出发，才能更好地探究外部冲击对经济波动的精确传导机制。因此，本书在"新新国际贸易理论"的基础上分析出口质量提升影响产出波动的微观理论机制，并且由于大样本制造业企业数据和高度细分的国际贸易产品层面数据的可得性，可以从微观产品-企业层面检验理论机制。

第四，从需求和供给两个视角理解和测算出口产品质量。出口质量的概念较抽象，如何合理测度出口质量的问题一直困扰着研究者，目前微观层面测算出口产品质量的方法中，Khandelwal 等（2013）提出的 KSW 方法认可度最高，应用最广泛。该方法的思想是，产品价格和质量共同决定了产品市场份额，质量是剔除市场份额中的价格因素后的剩余部分。这种测算方法是从消费者需求视角理解出口质量，同类产品在同等价格下市场份额更高，消费者更偏好的产品质量更高。本书不仅用该方法测算了出口产品质量，而且从供给的视角完善对出口产品质量的理解，采用 Hausman 和 Hidalgo（2010）基于能力理论的反射法测算出产品内出口复杂度①，用产品内出口复杂度衡量出口产品质量。Rodrik（2006）指出产品内出口复杂度和产品间出口复杂度的区别，认为产品内出口复杂度衡量的就是出口产品质量。反射法测算的产品内出口复杂度用产品的普遍性来衡量产品出口复杂度，只有少数能力强的国家才能生产复杂度高的产品，产品的这种排他性可以理解为它的竞争优势，这种优势中包含技术、人力资本、管理等各种能力。该测算方法是从产品供给的视角理解出口产品质量，用产品自身的比较优势衡量出口产品质量。本书发现，由于测算方法视角的不同，出口质量提升对产出波动的影响机制会有所不同。

---

① 利用 CEPII 数据库和我国海关数据库中高度细分的产品数据，采用 Hausman 和 Hidalgo（2010）的反射法可以测算出产品内出口复杂度。

二、不足之处与研究展望

(一)不足之处

本书主要研究了我国制造业企业出口质量与产出波动的特征事实、出口质量提升对产出波动的影响机制以及对理论机制的检验。本书在研究中还存在以下不足。

1. 出口产品质量测算的不足

本书主要采用 Khandelwal 等(2013)的 KSW 方法测算了企业—产品—目的地—年份四维的出口产品质量。这种方法虽然在测算微观出口产品质量得到广泛的使用,但是这种测算方法基于需求理论,将质量作为外生给定,没有考虑供给方面。另外该方法使用固定效应估计出口质量,导致测算的出口质量跨时跨国不可比。Feenstra 和 Romalis(2014)将出口质量内生化,基于供需理论,提出了另一种测算框架,但是他们没有测算微观出口质量。余淼杰和张睿(2017)借助 Feenstra 和 Romalis(2014)所构建的理论框架,采用微观数据和已知的结构性参数测算了 2000—2006 年中国制造业企业出口产品质量,但是这种方法只能测算一般贸易企业的出口质量,而加工贸易是我国对外贸易的重要组成部分,这种测算方法也有一定的局限性。因此,出口产品质量的测算方法还有进一步改善的空间。

2. 出口质量提升影响产出波动市场效应研究的不足

本书基于"新新国际贸易理论"和经济波动的相关研究,构建了数理模型分析了出口强度效应和技术效应。但是对于市场效应,只采用概念模型说明出口质量通过供给侧多样化效应和需求侧收入效应影响产出波动的理论机制。因为目前有关出口质量提升影响经济波动的微观理论机制文献缺失,与本研究相关的理论模型较为罕见,因此有关市场效应的分析只建立了概念模型,没有能够建立数理模型,更加精确地使用数学推导的方法分析出口质量提升通过市场效应如何影响了产出波动。

3. 出口质量提升影响产出波动经验研究的不足

本书利用中国制造业企业 2000—2013 年海关贸易数据库和工业企业数据库进行微观理论机制的检验。近年来经济学界越来越重视使用微观数据进行研究,相对宏观数据或者行业数据,微观企业数据优势明显,它包含了企业行为的更多信息,同时有助于保证计量估计的一致性和有效性。中国工业企业数据库作为国内大型的微观企业数据库虽然优势明显,但是也有很多潜在的问题,比如样本错配、指标缺失、指标异常、样本选择等(聂辉华、江艇和杨汝岱,2012)。同时该数据库还存在一定的时效性问题,由于数据的可得性,目前只有截至 2013 年的数据,且 2008—2013 年的数据质量,特别是 2012—2013 年的数据质量,没有 2000—2007 年的数据质量高。此外,在经验研究中只研究了中国制造业企业,没有进行国家间比较分析。

(二)研究展望

由于理论、数据和笔者学术水平的限制,本书产生了上述不足,这些不足将成为进一步研究的方向。

1. 完善出口质量测算方法

由于出口质量的概念较为抽象，它的测算必然会有一定的误差，目前主要测算微观出口产品质量的方法都有进一步改进的空间。在改进的过程中，需要在同时考虑供给和需求的理论框架中，将出口质量内生化，同时要尽可能地解决内生性问题，构建能够同时测算一般贸易企业和加工贸易企业的出口质量，跨时跨国可比的测算方法。国际贸易的高质量发展是供给侧结构性改革的重要内容，只有更加精确地测算出口产品质量，才能更好地提出针对性的政策建议。

2. 构建出口质量提升影响产出波动市场效应的数理模型

本书虽然通过概念模型分析了出口质量提升通过市场供需效应影响产出波动的理论机制，但是没能够在一个同时考虑供给和需求的均衡模型中，研究消费者和企业在最优行为的过程中出口质量提升如何通过市场效应影响了产出波动。如果能在均衡模型中分析市场效应，可以更好地寻找到出口质量提升影响产出波动的精准传导机制，也可以更好地解释实证检验中对于中国制造业企业在金融危机期间市场效应更加显著的事实。

3. 进一步对出口质量提升的经济波动效应进行国家间比较分析

本书利用中国制造业微观企业数据库进行了经验研究，未来还需要进一步完善两个方面的研究：一方面是进一步解决微观企业数据精确性和时效性问题，将工业企业数据库与其他微观企业数据库进行有效匹配，在数据处理的过程中不仅保证其精确性，而且保证大样本的完整性；另一方面是采用其他国家的微观企业数据研究出口质量的经济波动效应，与中国制造业企业进行比较分析，以更好地借鉴和吸取其他国家在高质量发展道路中的经验和教训。

第一章　文献综述

本部分回顾和梳理了与本研究相关的文献，主要包括供给侧改革的相关研究、出口质量的相关研究以及经济波动的相关研究。现有文献为本书从出口质量的视角出发，研究企业产出波动的来源提供了借鉴和启发。

第一节　供给侧改革的相关研究

本书研究的背景是供给侧改革，出口质量提升是国际贸易供给侧改革的重要内容。供给侧改革的核心是提高供给质量和效率，开放条件下出口质量是经济增长质量的微观基础和外在表现。本节对供给侧改革的相关研究进行梳理，以更好地解说本书的研究意义和研究内容。

一、供给侧改革的背景研究

在供给侧改革产生前，一些学者为改变当前的宏观调控困境，提出了"新供给经济学"术语(李扬等，2013；苏剑，2016)。针对中国经济进入新常态所面临的一系列问题，习近平总书记在 2015 年 11 月召开的中央财经领导小组第十一次会议中首次提出，"在适度扩大总需求的同时，着力加强供给侧结构性改革"。同年 12 月召开的中央经济工作会议再次强调，"推进供给侧结构性改革是适应和引领经济发展新常态的重大创新，是适应国际金融危机发生后综合国力竞争新形势的主动选择，是适应我国经济发展形势的必然要求"。供给侧结构性改革的产生和发展是以习近平总书记为核心的党中央在社会主义改革、开放、发展新阶段的实践中不断探索的产物。

(一)供给侧改革的现实背景

经济进入新常态是供给侧改革的现实背景。改革开放 40 年来，我国经济取得了举世瞩目的成绩，人均国内生产总值达到了中等发达国家水平，综合国力大大增强，人民生活水平大幅提高。但是 2008 年全球经济危机之后，受经济周期的影响，以及长期以来积累的矛盾，我国经济进入新常态，面临严峻挑战：经济增长速度下降，部分行业产能过剩，产业结构不合理，创新驱动不足，生产质量不高等。总的来说，就是面临"三期叠加"和"四降一升"。以上问题主要是供给侧方面的问题，说明当前我国社会的主要矛盾依然在于民众日益提升的物质文化需求与不平衡不充分发展之间的矛盾(逄锦聚，2016)。要解决这些问题，摆脱经济困境，需求侧政策就显得有一定的局限性，如果只重视需求侧刺激，很可能错过转型升级的有利时机。因此，在这种情形下，供给侧改革的必要性和紧迫性就凸显出来了。

同时，开放经济条件下供给能力的提高更为重要。如果一国的供给能力提高了，即使国内需求不足，经济也会保持增长，因为企业还可以扩大国外市场，满足国外市场的需求，赚取更多的利润。但是，如果一国的供给能力不足，即使国内需求扩大，也不会促进经济增长，因为国外企业可以提供质量更高的产品，满足国内消费者的需求，挤占国内市场。因此，经济全球化下面向全世界供给能力的提高比刺激内需更为重要[1]。

(二)供给侧改革的理论背景

"供给学派"提出的经济学理论以及"马克思主义政治经济学"是供给侧改革的理论背景，但是我国目前实行的供给侧改革绝不是照搬西方古典经济学，而是建立在马克思经济学理论基础上，属于中国市场经济理论体系的重要组成部分(刘元春，2016)。古典经济学时期，法国经济学家萨伊提出著名的"萨伊定律"，他认为自由市场经济条件下，一般不会出现生产过剩的现象，供给可以自动创造需求。20 世纪 30 年代全球经济危机之后，英国经济学家凯恩斯对"萨伊定律"提出质疑，他提倡需求管理，"二战"后需求管理政策被许多西方发达国家采纳。20 世纪 70 年代之后，西方发达国家的经济出现滞胀，政府政策失灵，供给学派登上历史舞台，他们反对政府干预，主张市场调节(裴广一和黄光于，2018)。

我国供给侧改革虽然与供给学派的主张存在一些相似之处，但是在政策目标和政策实施等方面存在着明显的差异。胡鞍钢(2016)提出里根供给侧宏观经济政策的制定和实施有效地抑制了当时美国严重的通胀现象和经济增速下降，但是我国的供给侧改革更多的是解决结构性问题。林毅夫(2015)认为西方发达国家在将供给学派的理论付诸实践的过程中抵制产业政策，但是目前我国实施的一系列供给侧改革措施中涵盖了产业方面。供给学派强调自由市场经济，反对政府干预。而我国在推进供给侧改革的过程中，不仅强调应当继续保持市场在经济发展中的主体性地位，还提出应当充分发挥社会主义国家在宏观调控方面的职能和优势，坚持"市场有效，政府有为"的主张。[2]

此外，我国供给侧改革是以习近平总书记为核心的党中央运用马克思主义基本原理解决实际问题的体现，与西方供给学派观点有着本质的区别，是重大的理论与实践创新(裴广一和黄光于，2018；丁任重和李标，2017；逢锦聚，2016)。洪银兴(2016)借鉴马克思主义哲学和经济学理论就目前我国供给侧方面存在的问题展开了深入的研究。马克思主义政治经济学认为，社会经济发展过程表现为生产、分配、流通和消费四个环节相互作用的过程，生产环节起着核心作用。因此，一方面必须认识到供给侧改革的重大意义，另一方面从生产与分配、流通和消费的辩证关系出发，重视分配、流通和消费方面的改革，避免

---

① 吴敬琏等：《读懂供给侧改革》，中信出版集团 2016 年版，第 48 页。
② 中国特色社会主义经济建设协同创新中心：《供给侧结构性改革》，经济科学出版社 2016 年版，第 33 页。

从供给侧一个方面理解当前中国经济改革的片面性①。

二、供给侧改革的内涵研究

全面把握供给侧结构性改革的内在涵义是促进改革目标达成的前提，学者们科学阐释了供给侧结构性改革的内涵（陈鹏，2018；厉以宁，2017；廖清成和冯志峰，2016）。本节将从供给侧改革的目标、内容和认识误区三个方面对其内涵进行梳理。

（一）供给侧改革的目标

就供给侧改革的目标而言，目前国内学者基本达成共识，即提升国内产品与服务的供给水平、全面扩大有效供给、增强供给对市场需求响应的速度和准确程度，总的来说是解放生产力。生产力方面的要素包括生产者、生产动力、生产工具和生产对象等，生产关系包括所有制和生产的组织形式等，供给侧改革不仅包括生产力方面的改革，还包括生产关系的改革。生产力改革方面，提高劳动者素质，加强创新驱动，掌握核心科学技术，根据需求确定供给等。生产关系改革方面，做强国有企业，推进混合所有制改革，调整产业结构等（陈鹏，2018）。

张卓元（2016）指出，目前我国实施的供给侧改革主要是为了促进资源在市场上的优化配置及增强企业的竞争能力，进而提高社会整体生产效率，减少无效供给的比重，向市场提供与需求相一致的有效供给，增强供给侧对市场变动的适应程度，最终为广大人民群众提供高质量的产品和服务。马建堂（2016）认为目前国民经济发展过程中存在的供求问题主要反映在一些行业产能严重过剩与部分行业市场需求缺口却日益加大，所以供给侧改革的关键在于增强供给质量与效益，使供给结构、供给水平与供给数量能够满足广大消费者不断提升的多元化需求。厉以宁（2017）、贾康和苏京春（2016）等学者也对上述观点表示认同。

（二）供给侧改革的内容

供给侧改革的内容包括三个关键词：第一个关键词是"供给侧"，社会经济包括生产、交换、分配与消费四个环节，其中供给侧属于生产环节，其作用在于向市场和消费者提供产品与服务；第二个关键词是"结构性"，结构就是特定系统中的要素及其比例和关系，结构性改革主要针对社会生产要素的多少、比重、关系实施全方位改革，其目的在于激活生产要素、优化要素配置比例、构建科学合理的要素关系。第三个关键词为"需求侧"，这次经济改革的目标在于使供给能够符合市场需求的变化，致力于实现市场高层次的供需平衡。所以，目前国家倡导的供给侧结构改革，即立足于提升社会整体供给水平，以循序渐进的方式促进结构优化，扭转原来市场要素配置效率低下的局面，提高全社会有效供给量，提升供给结构对市场需求变动的灵活程度，满足消费者日益提升的需求，最终推动国

---

①　中国特色社会主义经济建设协同创新中心：《供给侧结构性改革》，经济科学出版社2016年版，第90页。

民经济的稳健发展(陈鹏,2018)。

国内学者主要从结构层面和体制机制层面对供给侧结构性改革的内容进行了阐述。其中,就结构层面来看,供给侧改革的关键在于针对由供给结构与市场需求结构失衡所造成的资源配置低效问题实施一系列的调控政策。刘世锦(2015)指出,供给侧改革的本质在于提高全社会各领域的要素生产效率,主要表现在促进要素的自由流动、合理配置资源、调整市场不均衡三个方面。杨伟民(2016)提出,供给侧改革的关键在于减少资源的错配,主要分为以下三个层次:企业自身经营过程中的要素比例分配问题,行业内的要素分配是否合理问题及不同行业之间的要素资源是否实现了最优化配置。郭克莎(2016)指出,供给侧改革的主要内容在于推动一切资本、人力、技术、自然资源等要素在各个经济领域的自由流动与最优配置,进一步完善经济结构、促进经济转型和要素生产效率的提升。

从体制机制层面而言,供给侧改革的基础在于加强制度供给,降低制度性的交易成本,激发微观主体的活力,理顺政府、市场和社会的关系,释放制度红利。[①] 吴敬琏(2016)指出,供给侧改革就是为了消除政府在市场经济运行过程中占主体地位的这一体制性弊端,进而构建起能够激活企业创新活力和竞争力的机制。田国强(2016)认为供给侧改革的本质在于提升市场制度供给质量,必须将市场化改革视为供给侧改革的重要环节。贾康和苏京春(2016)认为目前我国实施的供给侧改革主要是通过各个层面的改革来摒除长期扰乱市场经济运行和资源优化配置的一系列不利因素。黄群慧(2016)认为体制性问题是导致目前供需失衡的主要问题之一,因此供给侧结构性改革的内容是通过体制机制改革化解结构性矛盾,实现提高全要素生产率的目标。

同时,在开放经济体中,出口结构性改革是供给侧改革的重要内容,但是有关国际贸易供给侧改革的研究较少。受国际需求疲软的影响,近年来出口增速下降,应优化出口产品结构,提供适应国际市场需要的高质量产品,推动我国产业向价值链中高端攀升(铁瑛、黄建忠和高翔,2018;毛其淋和许家云,2018;黄先海、金泽成和余林徽,2018)。

(三)供给侧改革的认识误区

不能把供给侧改革和需求管理对立起来。有的观点认为,过去是需求侧管理,强调"三驾马车"对经济增长的拉动作用,需求侧管理和供给侧改革是矛盾的。这种观点是对供给侧改革的认识误区,供给改革是增强市场供给对需求转变的适应程度,绝不是将供给和需求对立起来,割裂两者之间的内在联系。供给侧改革是要求供给方适应需求变化的结构性改革,最终实现需求侧和供给侧更好地契合和统一。[②]

供给侧改革是政府要加大对市场的干预,这种认识不科学。供给侧改革需要政府和市场的有效配合,政府的行为是在市场决定资源配置的基础上进行的。在供求结构失衡的情

---

① 中国特色社会主义经济建设协同创新中心:《供给侧结构性改革》,经济科学出版社 2016 年版,第 45 页。

② 中国特色社会主义经济建设协同创新中心:《供给侧结构性改革》,经济科学出版社 2016 年版,第 22 页。

况下，需要政府弥补市场功能的不足，稳定市场和社会秩序，促进企业和社会持续健康发展。比如，许多产能过剩的企业倒闭，如果完全靠市场调节，必然使大量职工失业，政府的适当干预可以保证和改善民生。社会主义市场经济的优势正是在于既能使市场在资源配置中起决定性作用，又能更好地发挥政府作用。

供给经济学不能成为我国供给侧改革的理论基础。供给经济学发源于美国，美国的环境与中国不同，政策要求也不同。此外，供给经济学是 20 世纪 70 年代之后反对凯恩斯的新自由主义经济学家对微宏观理论的极端化，有很强的误导性。所有学派都不否认供给的作用，凯恩斯主义也认为供给很重要，只不过更加强调需求是经济发生短期波动的主要原因。供给经济学反对凯恩斯的需求侧管理，其重要假设是萨伊定律，认为供给会自动创造需求，该理论过于以偏概全，我们应避免该理论对供给侧改革的误导。①

三、供给侧改革的任务和路径研究

推进供给侧改革的任务和路径在于实现资源优化配置(李艳和杨汝岱，2018)，提高供给质量和效率(陈诗一和陈登科，2018；李小平和李小克，2018；李雪冬、江可申和夏海力，2018)，扩大有效投资(林毅夫，2016)，实施产品和服务标准化战略(裴长洪，2016)，处理好供给侧与需求管理的关系(沈坤荣，2016)，在要素、产业、宏观政策和制度层面进行落实(童行健，2016；廖清成和冯志峰，2016；方福前，2016)。本部分着重从企业与产业两个层面就当前对供给侧改革任务和路径的研究进行梳理。

(一)企业层面

就企业层面来看，供给侧改革的任务在于增强企业的活力和竞争能力，提升企业的创新意识和能力，进一步为经济发展创造新的增长点。

1. 提高企业供给质量

中共十九大报告将中高端消费作为有效供给的着力点，企业作为生产和服务的提供者，不能仅局限于向低端市场输出产品，而应当积极开拓中高档市场，特别是紧跟高新科技发展的潮流，采用现代化的企业管理模式(洪银兴，2018)。企业是市场经济的主体，更是自主创新的主体，科技创新成果只有通过企业才能转化为现实生产力。但是长期以来我国企业研发投入强度偏低，中等规模以上企业的研发投入一般仅占主营业务收入的 0.71%，而发达国家企业的研发投入一般为 2.5%—4.0%。同时，目前我国制造业核心技术薄弱，技术对外依存度约 50%。今后要强化企业创新主体地位，形成一批具有国际竞争力的创新型领军企业，将大企业做大做强，引导中小微企业走"专、精、特、新"的发展路子。②

---

① 郭杰、于泽、张杰：《供给侧结构性改革的理论逻辑及实施路径》，中国社会科学出版社 2016 年版，第 6 页。

② 叶连松：《推进供给侧结构性改革　振兴实体经济》，中国经济出版社 2017 年版，第 215 页。

2. 深化国有企业改革

部分学者将深化国有企业改革作为推进企业层面供给侧结构性改革的重要路径。厉以宁(2016)认为供给侧改革与国有企业改革之间存在着密不可分的关系，应分别从效率、技术等方面将国有企业塑造成为更加强有力的市场主体，以此达到要素配置的最优化，经济效益的最大化。郭克莎(2016)指出供给侧改革背景下的国有企业改革应当包含以下三个步骤：第一，积极促进多种所有制经济发展，提高非公成分在企业股份中的比重；第二，着手开展垄断行业改革，通过多个途径提高行业的竞争性；第三，促进企业并购和重组，清算长期效益低下的国有企业。国有企业是中国国民经济的中坚力量，深化国有企业改革，必须坚持公有制主体地位，发挥国有经济主导作用。加快国有企业改革步伐，在完全竞争性行业推进并购重组，着力解决国有资本布局结构不合理、央企产业分布过广，资源配置效率低及同质化相互竞争的突出矛盾①。

3. 重视企业家人力资本

十九大报告指出要激发和保护企业家精神。资本、人力、土地等一切生产要素的作用均是通过企业家发挥的，更重要的是企业家精神代表创新精神，企业家个人的素养和能力对整个市场供给发挥着关键性的作用。熊彼特认为创新是对生产要素的"重新组合"，企业家就是促进要素"重新组合"的发动者和促进者。供给侧改革就是要有效激发企业家的人力资本活跃性，形成符合新时代发展要求的企业家精神，进而促进经济的持续发展(洪银兴，2018)。企业家精神对于技术创新、企业改革、经济发展具有重大影响，其对创新的作用引起许多学者的关注。在大众创业、万众创新的时代，能否将企业家精神发扬光大，是我国激发创新创业活动成功与否的关键所在(周鑫琴和罗长田，2018；刘现伟，2017)。

(二)产业层面

从产业层面来看，供给侧结构改革的任务主要有三个：一是削减某些行业的低端过剩供给，二是进一步推进产业结构转型升级，三是培育新兴产业。最终使产业的供给能力、供给质量和供给结构能够更好地满足消费者日益个性化和高端化的需求。

1. 化解产能过剩

国内学者围绕供给侧结构性改革如何更好地化解产能过剩问题展开了研究。黄秀路、葛鹏飞和武宵旭(2018)通过引入厂商的跨期生产决策，重新审视中国工业产能利用率地区和行业的差异来源，为产能过剩的进一步治理提供支撑。研究发现，相比东部地区，我国中西部地区存在严重的产能过剩，并且产能利用率有明显的顺周期性。陈俊龙和牛月(2018)构建双寡头垄断模型，研究市场不确定性对产能过剩的影响及政府产能规制的效果。研究发现，市场负面冲击加剧了产能过剩，政府的产能规制并不能消除产能过剩，市场、政府和企业有机地结合在一起才能完成消除过剩产能的任务。卢锋(2016)认为供给侧结构性改革应采取并购重组、清算等多种退市方式来疏通"安全退市"的路径，以此达到减少过剩产能的目标。林毅夫(2016)分析了目前我国产能过剩问题的成因，并提出了

---

① 叶连松：《推进供给侧结构性改革　振兴实体经济》，中国经济出版社2017年版，第234页。

相应的治理措施。他指出非市场化的竞争主体和非公平的市场竞争环境是导致产能过剩的结构性原因，而化解过剩产能需要政府和市场的协同作用。

2. 促进产业结构转型升级

促进产业结构转型升级是当前供给侧改革的重要任务，国内学者针对如何促进产业结构的优化和升级进行了广泛而深入地研究。郭俊华、卫玲和边卫军（2018）分析了中国产业结构发展现状以及转型升级面临的问题，从调整产业内结构、提升高技术产业创新能力、优化产能和保障就业等方面提出对策建议。袁航和朱承亮（2018）分析了国家高新区对产业结构转型升级的影响，发现国家高新区能显著促进产业结构高度化的量，但未促进产业结构高度化的质和产业结构合理化，整体而言没有促进我国的产业结构实现根本性的优化和升级。大部分学者认为产业结构转型升级的过程中，制度与创新起着决定性的作用。促进产业结构由低端产业、加工制造业为主以及传统农业逐步向高端产业、第三产业及现代化农业经济的转型，就需要实现要素配置的转变，即从原本依赖自然资源和能源等要素逐步向依赖人力资本、技术等现代化要素转变，而实现这个过程的转变就必须全面发挥政府体制机制改革的作用（贾康和苏京春，2016；黄群慧，2016）。

3. 培育新兴产业

要大力推进新一代互联网通信、航天技术、绿色能源、生物技术等多个领域高精尖技术的研发，加快培育智能产业、绿色低碳产业等战略性新兴产业。以"云计算+大数据"和"互联网+移动"为代表的"互联网+"在制造业中广泛采用，实现智能制造是推进制造业新一轮加快发展的强劲动力。推行智能制造，包括建设数字化车间、智能工厂等，广泛采用信息技术、新能源技术、生物技术和新材料技术等，促进制造方式和商业模式的转变[①]。除了促进智能产业的发展，推动绿色低碳产业的发展对于供给侧改革同等重要，孙小明（2016）指出经济新常态为具有低能耗、低排放、低污染，高技术、高附加值、高产业关联、政策导向性等特点的低碳产业提供了政策、市场、技术创新、企业活力释放等多方面的发展机遇，低碳产业需要从政府主导模式向"政府—市场—企业—消费者"四位一体的发展模式转变。洪银兴（2018）指出开拓绿色产业，推动产业结构的绿色化能够为经济发展创造新的增长点。绿色产业围绕产业结构生态化这一核心，致力于通过最低程度的环境破坏、最小比例的能源损耗实现最大的经济效益。绿色产业不但包含传统的生态环境治理和环保产业，还包含对低端、高耗能产业的更新和改造，开拓绿色农业、绿色工业和绿色服务业。

四、简要评述

本节从背景、内涵以及任务与路径三个方面对供给侧改革的相关研究进行梳理。出口质量提升属于国际贸易供给侧结构性改革的重要内容，但是已有文献在分析供给侧改革时较少涉及国际贸易方面的供给侧改革问题，特别是研究出口质量提升如何影响经济稳定发展的文献比较罕见。目前世界经济进入深度调整期，发达国家纷纷实施"再工业化"战略，

[①]　叶连松：《推进供给侧结构性改革　振兴实体经济》，中国经济出版社 2017 年版，第 197 页。

各国力争谋求全球分工新地位、占据全球价值链制高点。中国对外贸易发展面临新的机遇和挑战，加快推进供给侧改革是我国对外贸易在此轮国际竞争中实现贸易大国向贸易强国转变的重要途径。

此外，目前经济学界尽管对供给侧改革的背景与内涵达成了共识，但在供给侧改革的途径和方式等方面还存在异议，主要表现为：第一，绝大多数的学者认为供给侧改革的任务主要包含以下五个方面，即"去产能、去库存、去杠杆、降成本、补短板"。这些学者认为只要完成上述五个方面的任务，就可以最终达成供给侧改革的目标，但是这些学者忽视了造成这些问题的结构性原因，只有政府有效地进行体制改革，革除体制中存在的弊端，才能消除制约经济长期发展的不利因素；第二，学术界关于供给测改革任务的认识存在过于泛化的倾向，中央出台的任何类型的措施和政策都统统纳入供给侧改革的分析框架中，甚至一些需求管理政策也被归结于供给侧改革。

第二节　出口质量的相关研究

目前，企业异质性理论成为国际贸易研究的主流范式，被称为"新新国际贸易理论"，企业异质性不仅体现在生产率，还体现在产品质量等方面。随着对国际贸易的研究重点由出口数量转向出口质量，出口质量问题成为国内外学术界研究的热点。本节从三个方面梳理了出口质量的相关研究：首先是质量扩展型异质性企业模型的相关研究，通过对该部分研究的梳理，为本书理论机制部分均衡模型的建立奠定基础；其次是微观层面出口产品质量测算的相关研究，通过了解各种测算方法的利弊可以更好地选择适合本书研究的测算方法；最后是出口质量增长效应的相关研究，这个文献为本书的选题提供了启发。

一、质量扩展型异质性企业模型的研究

随着"新新国际贸易理论"的兴起，出口产品质量对企业出口行为的影响开始受到关注。Melitz(2003)假设替代弹性不变，暗示了厂商生产率与产品质量具有相似点，因为他们用近乎相同的方法进入厂商的均衡收益，后续研究将标准的异质性企业模型(HFT)扩展到了质量异质性的企业模型(QHFT)。

将产品质量差异引入贸易企业的行为决策模型，推动了国际贸易理论的发展，为很多贸易现象提供了新解释。质量异质性文献不仅解答了只引入生产率异质性不能回答的贸易事实，而且对几乎所有贸易理论能够涉及的领域都提供了新的解释，如贸易模式(包括贸易流量和贸易流向)、贸易的福利效应以及贸易对经济增长的贡献等，因此该理论在国际贸易理论的最新进展中占据了重要位置。

(一)国外文献对质量扩展型异质性企业模型的研究

1. 产品质量异质性对出口价格与出口距离关系的解释

传统国际贸易理论认为出口离岸价格与出口距离成反比，但是一些学者实证检验发现事实是相反的，将产品质量异质性引入模型，较好地解释了这一现象(Helble 和 Okubo,

2008）。Baldwin 和 Harrigan（2011）认为出口产品质量越高，成本越高，获得更高的利润，出口到较远的市场。该研究在 Melitz 模型的基础上，仍然假设企业生产率异质性和市场进入成本固定，进一步引入消费者对产品质量的偏好，拓展了企业异质性模型。

2. 产品质量异质性对出口价格和企业生产率关系的解释

经典的异质性企业理论认为企业生产率与出口价格成反比。Gervais（2009）认为企业生产率对出口价格有两种影响：一种是直接影响，企业生产率与出口价格成反向关系，生产率越高，成本越低，进而价格越低，这与经典的 Melitz（2003）模型的观点一致；另一种是间接影响，企业生产率与出口价格成正向关系，生产率越高，产品质量越高，进而价格越高。Mandel（2010）进一步研究认为，企业生产率与出口价格的关系取决于产品是"同质性产品"还是"异质性产品"，"同质性产品"指产品质量差异比较小的产品，"异质性产品"指产品质量差异比较大的产品。如果是"同质性产品"，直接影响的效应更大，企业生产率与价格成反向关系。如果是"异质性产品"，间接影响的效应更大，企业生产率与价格成正向关系。

3. 产品质量异质性对出口与企业规模关系的解释

Kugler 和 Verhoogen（2012）采用哥伦比亚的企业数据检验了投入品和产出品价格、企业规模与投入品和产出品质量的关系，发现企业规模越大，产出品和投入品价格越高。他们同时将产出品质量和投入品质量引入 Melitz（2003）模型之中，证明了企业规模与价格的正相关关系，而以往的异质性企业理论无法证明企业规模与价格的关系。此外，该研究不仅引入产出品质量，而且引入了投入品质量，与以往质量拓展型异质性企业模型只关注需求冲击不同。

Hallak 和 Sivadasan（2013）引入出口质量将一维企业异质性模型拓展为两维企业异质性模型，企业的异质性不仅体现在生产率方面，还体现在使用更少的投入生产更高质量产品的能力。将生产率分解为代表产品质量的"产品生产率"以及代表传统生产率含义的"过程生产率"，假设冰山成本随产品质量的下降而下降，得出结论企业规模一定的条件下，相比非出口企业出口企业的产品质量更高。相比一维企业异质性模型，两维企业异质性模型能够解释更多的企业出口行为，比如，企业的规模与出口行为并不是单调的关系，规模小的企业依然有出口行为，规模大的企业也有只在国内市场销售的行为。该模型还预测，控制了企业规模，相比非出口企业，出口企业的产品质量更高，价格更高，支付的工资更高，资本密集度也更高。值得关注的是，之前质量拓展型异质性企业模型是在无条件的出口溢价基础上进行讨论，该模型是在有条件的出口溢价基础上进行理论和实证的分析。

4. 产品质量异质性对贸易模式的解释

Fasil 和 Borota（2013）将全世界的国家分为北方发达国家和南方发展中国家，分析了在这两组国家之间贸易模式和贸易强度的形成中产品质量所起到的作用。实证研究发现，国家人均收入与进出口价格存在正向的关系，发达国家更偏好发达国家生产的高质量产品，因此南南国家之间的贸易强度高于南北国家之间贸易强度。同时他们建立了一个四国南北贸易理论模型，并且在模型中包含生产率和产品质量双重异质性，证明了实证研究发现。质量高的产品在进入更复杂的市场时更有竞争力，这一现象影响了南北国家之间的贸易模式和进出口价格的形成。该模型借鉴了 Hallak 和 Sivadasan(2011)的理论框架，不同的是建立了四国均衡模型，重点关注不同的竞争方式以及生产率和产品质量对贸易模式和贸易价格的影响。

Manova 和 Yu(2017)不同于之前单一产品的异质性企业模型，研究多产品企业的对外贸易业务。该研究引入产品质量差异建立了一个灵活的异质性模型，采用 2002—2006 年中国海关的数据，从理论和实证上发现，企业通过中间投入品质量等级的不同改变产出品的质量，企业根据产品质量的层次结构在产品间进行分配活动。企业的核心竞争力是高质量产品，这些产品虽然价格更高，销量却更多。如果在市场上提供较少的产品品种，企业更加重视其核心产品，降低低质量产品的拓展边际，增加高质量产品的集约边际。产品质量阶梯还影响企业的出口动态，企业无论是在总体上还是面对纺织品和服装配额的取消都会根据产品质量做出反应。

(二)国内文献对质量扩展型异质性企业模型的应用

国外文献重在对质量扩展型异质性企业模型的理论拓展，国内文献主要采用中国海关贸易数据库和工业企业数据库进行实证检验和理论模型的应用，旨在说明和解决中国的问题。国内的相关研究在理论模型的拓展和理论机制的说明方面显得比较薄弱。

1. 产品质量异质性的影响因素研究

早些年国内对产品质量影响因素的研究主要包括对外直接投资、国家政策、市场规模和出口规模等(李坤望和王有鑫，2013；王明益，2014；施炳展，2015)。近两年随着国际经贸关系更加复杂，在我国国际贸易转型的背景下对产品质量影响因素的研究扩展到中间品、产业聚集和外资准入政策等。

许家云、毛其淋和胡鞍钢(2017)研究了中间品进口对中国制造业企业出口产品质量的影响以及作用机制，中间品进口主要通过"中间产品质量效应""产品种类效应"和"技术溢出效应"三个可能的渠道促进了企业出口产品质量的提升。王雅琦、张文魁和洪圣杰(2018)主要针对全球金融危机时期，实证分析了我国出口产品质量的变化，并且主要从中间品的视角探讨了出口质量的影响因素。研究发现，金融危机发生后中间品进口的下降是导致出口产品质量急剧下降的重要原因之一。同时，中间品下降的负面冲击对各个行业的影响是不同的，对制造业上游行业的冲击较小，因为上游行业对中间品的替代能力较强。

苏丹妮、盛斌和邵朝对(2018)研究发现产业集聚显著提升了中国企业的出口产品质量，这说明中国产业集聚产生的集聚经济效应大于过度竞争效应。对于不同类型企业，产业聚集对出口产品质量的影响略有不同，产业聚集对一般贸易企业、私营企业、技术密集型行业企业和东部地区企业出口质量的促进作用更大。进一步研究产业聚集对出口质量的影响机制，发现产业聚集提高了企业生产率和固定成本投入效率，进而提高了出口产品质量。对于行业出口质量，产业聚集通过资源再配置效应促进了出口质量的提升。

韩超和朱鹏洲(2018)研究了外资准入政策对产品质量的影响，发现外资准入放松提升了产品质量。同时发现外资准入放松对内资企业的产品质量提升显著大于对外资企业的影响。从内资企业内部看，外资准入放松的影响是全面的，并没有体现显著的所有制差异。加总层面分析发现，外资准入提高了具有高产品质量企业的市场份额，使资源得到优化配置。进一步分析影响机制发现：外资准入的产品质量提升效应更多是由于优惠政策的引导而不是"以市场换技术"的市场放开；外资准入放松引致的外商投资份额增长通过产业关联、产品转换以及本地集聚效应等促进产品质量的提升。该文的研究发现为中国进一步实施开放战略，尤其是外资准入及投资自由化改革提供了有价值的政策依据。

2. 产品质量异质性的经济效应研究

国内学者主要关注出口质量的增长效应（李小平等，2015a；李小平等，2015b；廖涵和谢靖，2018）和生产率效应（鲍晓华和金毓，2013；樊海潮和郭光远，2015）。

近两年少数学者开始关注出口产品质量升级抵御外部冲击的作用以及进口产品质量的福利效应。

张先锋、陈永安和吴飞飞（2018）研究了出口产品质量升级能否缓解中国对外贸易摩擦。他们引入不同国家同质产品的竞争效应，构建出口博弈模型，并采用中国微观产品—企业数据进行实证检验。发现出口产品质量分布不同，出口质量提升对贸易摩擦的影响不同，低端产品、中端中较高水平产品和高端中较高水平产品质量的提升有利于减少贸易摩擦，中端中较低水平产品和高端中较低水平产品质量的提升反而增加了贸易摩擦，因为这类产品质量的提升加剧了国际同类产品的竞争，进而增加了进口国对中国企业出口的倾销认定，该研究为当前中国应对贸易摩擦和加快国际贸易的转型升级提供了启示。不同于以往对出口产品质量经济效应的研究，张永亮和邹宗森（2018）分析了进口产品质量的福利效应，得出结论：平均每年进口产品质量的提升为中国消费者带来的福利相当于1.24%的 GDP，进口产品质量提升的福利效应与进口产品种类多样化的福利效应基本是等价的。该研究重新审视了进口产品质量对经济发展和贸易福利的作用，认为在丰富产品种类的同时进一步考虑提升进口产品质量，有利于缓解复杂多变的国际环境对国民福利的冲击。

二、出口质量的测算方法研究

对出口质量的精确测算一直是出口质量研究的难点之一。出口质量的测算包含三个层面：宏观国家层面、中宏观行业和地区层面与微观产品和企业层面。由于本书研究的是企业出口质量对产出波动的影响，因此本节主要梳理现有微观层面出口质量的测算方法，找到现有文献在出口质量测算方法上的不足和优势，为本书构建合理的出口质量测算方法奠定基础。微观层面出口产品质量的测算方法主要有四种：基于单位价格的产品质量的测算，基于需求理论模型的出口产品质量的测算，基于需求供给理论模型的出口产品质量的测算以及基于产品内出口复杂度的测算，接下来具体分析每种测算方法的利弊。

（一）基于单位价格的测算方法

基于单位价格的测算方法比较简单，数据获取也较为容易，早年很多学者采用这一方法（Aiginger，1998；Schott，2004；Hallak，2006）。但是这种方法也受到很多学者的质疑，因为出口产品价格不能完全代理出口质量，出口价格还受到除出口质量以外其他因素的影响，比如成本和汇率等（Khandelwal，2010；Hallak 和 Schott，2011）。

出口产品价格能够一定程度上反映出口产品质量，但又不完全等同于出口产品质量。如果能够剔除出口产品价格中其他因素的影响，将出口产品质量有效提取出来，在出口质量测算方法上将会是一个很大的突破。在价格指数理论的基础上，Hallak 和 Schott（2011）提出"纯净价格指数"（剔除产品质量因素后的价格指数），用一种新的方法测算出口质量。这种方法用纯净价格指数对贸易净额的方程的残差表示出口产品质量，其含义是当两种产品的价格相同时，消费者更倾向选择来自贸易顺差国的产品，因为顺差国贸易净额更大，出口产品质量更高。纯净价格指数与非纯净价格指数存在以下关系：

$$\ln P' = \ln P - \ln \lambda \tag{1.1}$$

$\ln P'$ 为纯净价格指数，$\ln P$ 为非纯净价格指数，$\ln \lambda$ 为出口产品质量。经过代换，得到对于不纯净价格的贸易净额方程式：

$$T'_t = \gamma_0 + \gamma \ln P'_t - \gamma \ln \lambda_t + \mu_t \tag{1.2}$$

为了解决出口产品质量和纯净价格指数的相关性问题，定义出口产品质量的线性关系为：

$$\ln \lambda_t = \alpha_0 + \alpha_1 t + \xi_t \tag{1.3}$$

α_0 是国家固定效应，α_1 是固定时间趋势的系数。

Hallak 和 Schott（2011）提出的这种方法虽然将质量从价格中提取出来，但是这种测算方法的局限性在于数据获取的难度较高，测算出口产品质量需要使用到双边贸易净额、贸易成本、各国国民生产总值、各国真实汇率等数据。

（二）基于需求理论模型的测算方法

Khandelwal 等（2013）提出基于需求理论模型的 KSW 方法，来测算微观产品层面的出口质量，近年来得到广泛应用。这种方法的思想是，产品价格和质量共同决定了产品市场份额，质量是剔除市场份额中的价格因素后的剩余部分。这种测算方法是从消费者需求视角理解出口质量的，同类产品在同等价格下市场份额更高，消费者更偏爱的产品质量越高。消费者效用函数如下：

$$U = \left[\sum_{i=1}^{N_{gt}} \left(\lambda_{ijt}^g \right)^{\frac{1}{\sigma_g}} \left(q_{ijt}^g \right)^{\frac{\sigma_g - 1}{\sigma_g}} \right]^{\frac{\sigma_g}{\sigma_g - 1}} \tag{1.4}$$

其中，λ_{ijt}^g 为企业 i 在 t 年对 j 国出口产品 g 的质量，q_{ijt}^g 为产品 g 的数量，σ_g 为产品种类间的替代弹性，对应的需求函数如下：

$$q_{ijt}^g = \lambda_{ijt}^g \left(p_{ijt}^g / P_{jt}^g \right)^{-\sigma_g} \left(E_{jt}^g / P_{jt}^g \right) \tag{1.5}$$

P_{jt}^g 是进口国的价格指数，E_{jt}^g 是 j 国消费者 t 年对 g 商品的总支出。由于出口质量的测算在产品层面上进行，因此删掉角标 g，整理式（1.5）可得：

$$\ln q_{ijt} = \chi_{jt} - \sigma \ln p_{ijt} + \varepsilon_{ijt} \tag{1.6}$$

$\chi_{jt} = \ln E_{jt} - \ln P_{jt}$ 为进口国 – 时间虚拟变量，$\ln p_{ijt}$ 表示企业 i 在 t 年对 j 国出口产品的价格。回归的残差项 $\varepsilon_{ijt} = (\sigma - 1) \ln \lambda_{ijt}$ 来衡量企业 i 在 t 年对 j 国出口的产品质量。根据回归

结果定义出口产品质量为：

$$quality_{ijt} = \ln\widehat{\lambda}_{ijt} = \frac{\widehat{\varepsilon}_{ijt}}{(\sigma - 1)} = \frac{\ln q_{ijt} - \ln\widehat{q}_{ijt}}{(\sigma - 1)} \tag{1.7}$$

Khandelwal 等(2013)提出的 KSW 方法测算更精确，并且双边贸易数据比较容易获取。但是这种测算方法基于需求理论，将质量作为外生给定，没有考虑供给方面，并且对于内生性问题，学者们的处理方法差异较大，此外该方法使用固定效应估计出口质量，导致测算的出口质量跨时跨国不可比。

(三)基于供需理论模型的测算方法

Feenstra 和 Romalis(2014)构建包含供给和需求两个方面的均衡理论模型测算出口质量，但是这种方法不适用于微观企业层面，余淼杰和张睿(2017)借助其理论框架，推导出了微观企业层面出口产品质量的表达式，并利用微观企业数据、产品层面贸易数据以及已知的结构性参数测算了 2000—2006 年中国制造业一般贸易企业的出口产品质量。

需求方面，产品的数量和质量共同决定了消费者的效用。j 国的消费者对产品类别 g 中的差异化产品品种 ω 的支出函数为：

$$E_{jg} = U_{jg} \left[\int_{\omega} (p_{\omega j} / (z_{wj})^{\alpha_{jg}})^{(1-\sigma_g)} d\omega \right]^{1/(1-\sigma_g)} \tag{1.8}$$

$p_{\omega j}$ 为 j 国销售的产品 ω 的价格，$z_{\omega j}$ 为产品 ω 的质量，σ_g 为产品间的替代弹性。根据支出函数和预算约束得出需求函数：

$$q_{\omega j} = I_{jg} \cdot P_{jg}^{\sigma_g - 1} \cdot p_{\omega j}^{-\sigma_g} \cdot (z_{\omega j})^{\alpha_{jg}(\sigma_g - 1)} \tag{1.9}$$

其他因素不变时，产品 ω 的价格越高，需求越少，产品 ω 的质量越高，需求越多。根据需求函数可以推导出需求层面出口产品质量的表达式：

$$\alpha_{jg}(\sigma_g - 1)\ln(z_{\omega j}) = \ln(q_{\omega j}) + \sigma_g\ln(p_{\omega j}) - \ln(I_{jg}) - (\sigma_g - 1)\ln(P_{jg}) \tag{1.10}$$

继续考虑供给方面，内生化出口产品质量。在垄断竞争的市场下，企业 i 同时选择产品的价格和质量，最大化自己的利润：

$$\underset{p_{ijg};\, z_{ijg}}{Max} \left[(p_{ijg}^* - c_i(z_{ijg}, w)) \right] \tau_{ijg} q_{ijg} / tar_{jg} \tag{1.11}$$

$$c_i(z_{ijg}, w) = w (z_{ijg})^{1/\theta_g} / \varphi_i \tag{1.12}$$

其中 $c_i(z_{ijg}, w)$ 为生产成本，产品质量 z_{ijg} 和成本率 w 越高，单位生产成本越高。tar_{ig} 为 j 国对产品种类 g 征收的进口关税，φ_i 为企业 i 的生产率。求解企业利润最大化的一阶条件得出：

$$w (z_{ijg})^{1/\theta_g} / (\varphi_i \theta_g) = \left[p_{ijg}^* - w (z_{ijg})^{1/\theta_g} / \varphi_i \right] \cdot \left[\alpha_{jg}(\sigma_g - 1) \right] \tag{1.13}$$

对公式(1.13)两边取对数整理得出供需均衡下出口产品质量的表达式：

$$\ln(z_{ijgt}) = \theta_g \left[\ln(\kappa_{1jg}) + \ln(p_{ijgt}^*) + \ln(\varphi_{it}) - \ln(w_t) \right] \tag{1.14}$$

从这一表达式看出，单位价格越高，生产率越高，成本率越低，出口产品质量越高。余淼杰和张睿(2017)基于供需理论模型的框架，推导出新的测算微观产品—企业层面出口质量的方法。这种方法从需求和供给两个角度从价格中将出口产品质量提取出来，理论基础更加扎实，但是也有较大局限性，由于我国微观企业数据的限制，只能测算出

2000—2006 年一般贸易企业的出口质量。

（四）基于出口产品复杂度的测算方法

传统国际贸易理论对出口质量的研究侧重于从区域或行业的整体 R&D 投入角度考虑，存在一定的局限，出口复杂度可以从特定方面度量产品层面的出口产品技术含量，一定程度避免了这种局限，为研究一国出口结构与出口产品质量提供了一种更深入的分析视角（黄永明和张文洁，2012）。Rodirk（2006）指出了出口产品复杂度和出口产品质量之间的相关性。产品复杂度可以分为两类：产品间出口复杂度和产品内出口复杂度。产品间出口复杂度反映的是出口产品的横向种类的差异，而产品内出口复杂度反映的是产品垂直差异，即出口产品质量。相同种类的产品由于内含不同的资本和技术水平，具有不同的比较优势，具有不同的质量水平。Schott（2008）也指出了产品间出口复杂度和产品内出口复杂度的区别，产品内出口复杂度衡量的就是出口产品质量。

1. Hausmann 等（2010）出口产品复杂度的测算方法

Hausman 和 Hidalgo（2010）创立了基于能力理论的反射法（the Method of Reflection）来测算产品出口复杂度，用产品的普遍性来衡量产品出口复杂度，普遍性越低的产品出口复杂度越高，只有少数能力强的国家才能生产复杂度高的产品。产品的这种排他性可以理解为它的竞争优势，因此基于能力理论的反射法测算出的产品出口复杂度可以用来分析出口产品的竞争优势。能力理论假设生产产品时需要大量投入品，这些投入品包括各种有形的自然资源和无形的投入品（例如人力资本、技术、管理等），后一种投入品称之为能力（Capability）。每个国家拥有的能力如同自然资源一样是不同的，它只能生产那些能力范围内的产品，而排他性强的复杂产品只能由能力强的国家生产。使用乐高类比，一个产品相当于一个乐高模型，一个国家相当于一桶乐高积木。一个更复杂的乐高模型一定由一桶更加多样化的乐高积木搭建而成，一桶更加多样化的乐高积木可以搭建更复杂排他性更强的乐高模型（Maggioni D，2016）。这就意味着通过测量国家生产或出口产品种类的数量能够反映国家能力的大小，类似的，通过测量生产或出口产品的国家数量能够反映该产品的排他性。该方法采用"多样性"（Diversification）定义国家的复杂度，表示一个国家出口的具有显示性比较优势的产品数量；而用"普遍性"（Ubiquity）代表产品的复杂度，表示出口一种产品的国家的数量。

但是，没有经过迭代的"多样性"和"普遍性"不能准确衡量国家的复杂度和产品的复杂度。因为产品复杂度和国家复杂度的概念相互交织，复杂度高的产品由能力强的国家生产，而一个能力强的国家才能生产更加复杂的产品，这就是"反射法"的基本逻辑思想。这种方法的基本假设即一个不可观察的三方网络（国家—能力—产品）将国家连接到它们所具有的能力，同时将产品连接到它们所需要的能力。它反复从国际贸易的双边（国家—产品）网络收集信息，确定各个国家的多样化和各种产品的普遍性（见图 1-1）。经过产品普遍性信息和国家多样性信息的反复迭代，最终确定产品的复杂度和国家的复杂度，复杂度高的产品由能力强的少数国家生产，复杂度高的国家能生产更多样化并且排他性强的产品。

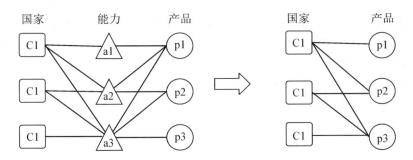

图 1-1　国家、能力和产品三边国际贸易网络图

资料来源：Hausman 和 Hidalgo（2010）。

按照"反射法"计算产品复杂度分为三个步骤：首先，计算产品的显示性比较优势（RCA）。RCA 衡量一个国家某种产品的贸易专业化程度。当一个国家出口某种产品的比重大于等于全世界出口这种产品的比重时这个国家的这种产品具有比较优势。第二步在产品比较优势的基础上计算国家复杂度和产品复杂度的初始值 $K_c,0$ 和 $K_p,0$。$K_c,0$ 是国家的多样性，指一个国家生产产品种类的数量。$K_p,0$ 是产品的普遍性，指能够生产某种产品的国家数量。第三步是通过反复迭代国家信息和产品信息确定更加准确的产品复杂度。计算公式：

$$RCA_{cp} = \frac{xval_{cp} / \sum xval_{cp}}{\sum_c xval_{cp} / \sum_p \sum_c xval_{cp}} \qquad (1.15)$$

$RCAcp$ 是一个国家出口一种产品的比较优势，其中，c 代表国家，p 代表产品，$xval$ 代表出口价值。

$$K_{c,0} = \sum_p d_{RCAcp} \qquad (1.16)$$

$$K_{p,0} = \sum_c d_{RCAcp} \qquad (1.17)$$

$K_c,0$ 和 $K_p,0$ 分别代表初始状态下国家拥有产品的多样性和一种产品被生产的普遍性。d_{RCAcp} 是 $RCAcp$ 的虚拟值，如果 $RCAcp \geqslant 1$，表示该国具有生产或者出口该产品的能力，则 $d_{RCAcp} = 1$；否则，$d_{RCAcp} = 0$。

$$K_{c,n} = \frac{1}{K_{c,0}} \sum_p d_{RCAcp} * K_{p,n-1} \qquad (1.18)$$

$$K_{p,n} = \frac{1}{K_{p,0}} \sum_c d_{RCAcp} * K_{c,n-1} \qquad (1.19)$$

初始状态下的"国家多样性"$K_c,0$ 和"产品普遍性"$K_p,0$ 经过 n 次迭代得到包含产品信息的"国家多样性"K_c,n 和包含国家信息的"产品普遍性"K_p,n。通过计算第 $n-1$ 次产品普遍性信息的平均值来校正"国家多样性"，类似的通过计算第 $n-1$ 次国家多样性信息的平均值来校正"产品普遍性"。当第 n 次迭代得不到更多信息，产品复杂度和国家复杂度的排名稳定时，停止迭代。对于 $K_{c,n}$，偶数迭代更加精确地度量了国家多样性，而奇数迭代衡量了国家生产或出口产品的平均普遍性。类似地，对于 $K_{p,n}$，偶数迭代更加精确的度量了产品普遍性，而奇数迭代精确的衡量了产品出口国的多样性。产品普遍性的值越小，产品出口国多样性的值越大，产品复杂度越高。

2. Tacchella 等（2013）出口复杂度的测算方法

Tacchella 等（2013）在 Hausmann 和 Hidalgo（2010）反射法的基础上进一步改进了出口复杂度的测算方法。

$$\tilde{F}_c^{(n)} = \sum_p M_{cp} Q_p^{(n-1)} \tag{1.20}$$

$$\tilde{Q}_p^{(n)} = \frac{1}{\sum_c M_{cp} \dfrac{1}{F_c^{(n-1)}}} \tag{1.21}$$

其中，$\tilde{F}_c^{(n)}$ 与 $\tilde{Q}_p^{(n)}$ 分别表示国家出口复杂度和产品出口复杂度的中间变量，c 表示国家，p 表示产品，n 表示迭代次数。

$$F_c^{(n)} = \frac{\tilde{F}_c^{(n)}}{[\tilde{F}_c^{(n)}]_c} \tag{1.22}$$

$$Q_p^{(n)} = \frac{\tilde{Q}_p^{(n)}}{[\tilde{Q}_p^{(n)}]_p} \tag{1.23}$$

其中，$F_c^{(n)}$ 与 $Q_p^{(n)}$ 分别表示最终的国家出口复杂度和产品出口复杂度。改进后的方法经济含义更加准确，经过多次迭代后，结果不再收敛，产品出口复杂度的含义在迭代过程中也不会发生变化。

（五）其他衡量出口产品质量的方法

Gervais（2011）将企业在价格和出口状态上的差异分解为质量边际和效率边际，并用美国的贸易统计数据估计了企业层面的产品质量。还有一些学者采用间接指标来衡量企业的产品质量水平。比如，Verhoogen（2008）用企业是否具有 ISO9000 标准的认证来衡量其产品质量的高低，Harrigan 和 Barrow（2009）用产品的贸易配额作为企业产品质量的代理变量，Crozet 等（2012）用专家评测的数据衡量法国出口香槟酒的质量，这些间接测算出口产品质量的方法都有较大的局限性。

总的来说，目前测算微观层面出口产品质量主要有四种方法。基于单位价格的测算方法较为简单，但许多学者对这种方法提出了质疑，认为产品的单位价格能够一定程度上反映产品质量，但又不完全等同于产品质量。Khandelwal 等（2013）提出基于需求理论模型的 KSW 方法，这种方法测算更精确，并且双边贸易数据比较容易获取，目前应用最广泛。余淼杰和张睿（2017）基于 Feenstra 和 Romalis（2014）供需理论模型的框架，提出新的测算办法，这种测算方法的局限性在于只能测算一般贸易企业的出口质量。还有一种方法是用产品内复杂度衡量出口产品质量，这种方法从供给的视角理解出口产品质量，用企业生产或者出口产品内在的比较优势衡量产品质量。由于这种方法测算出的出口产品质量包含很多有关企业能力的信息，更利于寻找出口质量影响企业产出波动的驱动因素。

三、出口质量的经济增长效应研究

自"新新贸易理论"兴起之后，出口质量作为企业重要的异质性特征之一受到广泛关注，研究热点由出口数量转向出口质量，特别是较多学者研究了出口质量提升对经济增长的作用。这类研究包括两支文献：其中一支文献是从国际贸易与经济发展关系的视角出发，研究出口质量对总体经济增长的影响；另一支文献仅从国际贸易的视角出发，研究出口质量对出口数量增长的影响。但是，经济发展包括经济增长和经济波动两个方面，以往的文献主要关注出口质量的经济增长效应，而对出口质量的经济波动效应关注很少。

许多学者发现出口质量提升对经济增长有促进作用。Grossman 和 Helpman（1991a）在理论上研究了经济体攀爬质量阶梯对经济增长的贡献。Kremer（1993）的研究为质量对经济发展的影响进一步提供了微观基础。Hummels 和 Klenow（2005）通过实证研究发现，出口产品质量对一国人均 GDP 的增长贡献有 9%，该研究为衡量贸易的经济增长效应提供了新视角。Haruyama 和 Zhao（2008）构建动态均衡模型，认为产品质量的提升是技术进步的重要表现，质量的提升过程中资源得到进一步优化配置，进而推动全要素生产率的增长。Dinopoulos 和 Unel（2013）构建均衡模型发现，企业生产的产品质量较高则销售到国外市场，生产的产品质量中等则销售到国内市场，生产的产品质量较低则退出市场。贸易开放使得资源从生产低质量产品的企业转向生产高质量产品的企业，进而促进该国乃至全球的福利增长。学者们已经从国家、地区及行业层面考察了出口质量与经济增长的关系，研究表明一国、地区及行业的出口质量越高，相应的经济增长越快（Hausmann 等，2007；Jarreau 和 Poncet，2012；Poncet 和 De Waldemar，2013；李小平、周记顺和王树柏，2015a）。

一些国内外学者从出口质量的视角解释"中国贸易增长之谜"。廖涵和谢靖（2018）在出口质量的基础上提出"性价比"，从"性价比"的视角解释中国出口量的快速增长。他们认为中国的出口产品质量与发达国家存在较大差距，并且中国产品的价格优势不再那么明显，在这种情况下出口数量的增长奇迹来源于中国产品的性价比较高。李小平等（2015b）应用价格指数理论构建了中国行业出口质量指标，发现在所有被考察国家中，我国的出口质量水平并不高，提出中国行业出口质量的提升是各国从中国进口贸易占比增长的重要原因，这一结果在中低收入进口国更为显著。刘瑶和丁妍（2015）通过引力模型，进行三元分解，研究了中国 ITC 产品的出口增长转变，发现中国 ITC 产品的出口质量逐步提升，出口质量的提升促进了出口数量的增长。Álvarez 和 Claro（2009）进行二元边际分解，研究发现中国出口产品数量增长的同时，出口价格并没有下降，原因可能是中国出口产品质量的提升。施炳展（2010）进一步进行三元边际分解，得到相似的结果。

四、简要评述

本节梳理了质量扩展型异质性企业模型、出口产品质量的测算以及出口质量经济增长效应三个方面的相关研究，为本书要研究的问题提供了启发和理论支持。

首先通过对质量扩展型异质性企业模型相关研究的梳理，为本书理论机制部分出口质量的基本设定和均衡模型的建立奠定了基础。有关质量扩展型异质性企业模型的研究推动了国际贸易理论的发展。国外文献重在对模型进行理论拓展，解释传统国际贸易理论无法解释的现象。国内文献主要是应用理论模型进行实证检验，旨在说明和解决中国的问题。国内的相关研究在理论模型的拓展和理论机制的说明方面显得比较薄弱。

然后通过对目前微观层面出口产品质量测算方法的梳理，明确了各种测算方法的利弊，便于本书采用与研究问题更契合、测算更精确的方法。目前微观层面出口产品质量的测算方法主要有四种：基于单位价格的产品质量的测算，基于需求理论模型的出口产品质量的测算，基于需求供给理论模型的出口产品质量的测算以及基于产品内出口复杂度的测算。基于单位价格的测算方法较为简单，许多学者对这种方法提出了质疑，认为产品的单位价格能够一定程度上反映产品质量，但又不完全等同于产品质量。Khandelwal 等(2013)提出基于需求理论模型的 KSW 方法，该方法测算更加精确，并且双边贸易数据比较容易获取，目前应用最广泛。余淼杰和张睿(2017)基于 Feenstra 和 Romalis(2014)供需理论模型的框架，提出微观企业—产品层面出口质量测算办法，但是这种方法只能测算我国2000—2006 年一般贸易企业的出口质量，有一定的局限性。用产品内复杂度衡量出口产品质量的方法是从供给的视角出发，用企业供给产品内在的比较优势衡量质量，这种方法测算出的出口产品质量包含很多有关企业能力的信息，更利于寻找出口产品质量影响企业产出波动的驱动因素。

最后通过对出口质量增长效应相关研究的梳理，为本书的选题提供了启发。质量异质性作为"新新国际贸易理论"的重要发展，很多文献关注出口质量的经济增长效应，而对其经济波动效应关注很少。出口质量提升是我国供给侧结构性改革的重要内容，出口质量升级的过程中，由于技术创新、产品升级换代和资源的重新配置等带来的风险可能会加剧产出波动。同时，由于出口质量的提升优化了产品结构、提高了比较优势，可以更好地抵御外部冲击进而降低产出波动。因此，以往有关出口质量的文献为本书从出口质量这个新的视角理解产出波动的原因，提供了启发和理论支持。

第三节 经济波动的相关研究

除了对经济增长的关注，探寻经济波动的来源是经济学界的另一个核心任务。经济波动是一个广义的概念，它包括经济周期，经济周期是经济波动的一种表现形式。本书在这一部分总结了有关经济波动的经典理论，梳理了直接因素和间接因素对经济波动的影响，宏观层面和微观层面经济波动的相关研究，为本书要研究的问题提供启发和借鉴。

一、直接因素对经济波动的影响研究

自 1825 年英国暴发第一次世界经济危机，经济学家开始了对经济波动现象的长期研究，形成了对经济波动成因的不同理论观点。这些文献主要分为两类：第一类文献认为经济波动的原因是外生冲击。经济体系以外的因素比如太阳黑子、战争、政治革命、新资源的发现、技术创新等导致经济波动，当没有发生外部冲击时，经济运行中不会出现任何有规律的经济波动；第二类文献认为经济波动的原因是经济体系内部因素，在没有外生冲击的情况下，经济自身有规律的周期波动，内生因素决定了经济波动的基本状态，外生因素只能通过内生因素发挥作用。经济波动理论不断地发展，主要有古典主义经济波动理论、凯恩斯主义经济波动理论、货币主义经济波动理论、真实经济周期理论和新凯恩斯主义经济波动理论。

自 18 世纪末至 19 世纪初，马克思和西方古典经济学家对经济波动的研究是现代经济周期理论的起源。马克思通过对资本主义积累的一般规律的研究，揭示了资本主义社会的基本矛盾是经济周期波动的根源，即生产的社会化与资本主义私有制之间的矛盾导致经济危机的爆发[1]。同时，古典经济学家认为经济波动只是经济增长过程中短暂的停顿，资本的非生产用途是经济衰退的原因。Say(1803)提出"萨伊定律"，认为完全竞争市场能够实现资源最优配置，经济失衡是暂时性的。

20 世纪 30 年代资本主义经济"大萧条"时期，凯恩斯在《就业、利息和货币通论》[2]中批判了古典主义经济学的观点"供给创造需求"，他认为国民收入受总需求的约束，总需求变动是国民收入波动的原因。他从心理预期角度阐述了"大萧条"产生的机理，在经济繁荣阶段企业扩大生产规模导致产能过剩，边际利润递减，经济进入衰退阶段，人们对经济增长的信心不足进而导致经济持续萧条。因此，经济波动有周期性的运动规律，会重复经历繁荣、衰退、萧条、复苏四个阶段。在经济萧条阶段，政府应加强干预和调控，扩大投资提高有效需求。

20 世纪 60 年代，发达国家出现了高失业率与高通货膨胀率并存的"滞涨"现象，凯恩斯主义理论无法解释，于是以弗里德曼(Friedman)、哈伯格(Cagan)和布伦纳(Brunner)等人为代表的货币主义经济波动理论开始受到重视。该理论认为经济波动的原因是外生的货币冲击，当价格及工资存在粘性的情况下，货币供应量的变动导致物价水平的变动，进而导致产出与就业的波动。

20 世纪 80 年代，Kydland 和 Prescott(1982)，Long 和 plosser(1983)，Prescott(1986)等文献提出了真实经济周期理论(Real Busines Cycle，RBC)。该理论认为经济波动的原因是真实的外生冲击，主要是技术冲击。技术冲击改变了既定投入下产出的数量，而政府购买冲击改变了既定产出水平下私人可得的产品数量。这两种冲击都是实际的冲击，不同于

---

[1]　马克思：《资本论》(第一卷)，中共中央马克思、恩格斯、列宁、斯大林著作编译局(译)，人民出版社 2004 年版，第 872 页。

[2]　凯恩斯的《就业、利息和货币通论》出版于 1936 年，本书参考 2005 年版中译本。

货币冲击或者名义冲击，因此研究该理论的模型被称为真实经济周期模型。该理论假设价格和工资有完全的灵活性，市场总是处在出清状态，不主张政府干预政策，认为政府干预对经济波动不起作用，会降低整体福利水平。

同时在20世纪80年代凯恩斯主义反思自身的缺点，为宏观经济学建立工资和价格粘性的微观经济基础。1984年帕金（Parkin）在《宏观经济学》一书中首次提出"新凯恩斯主义"。一些学者在新凯恩斯主义框架下，运用动态随机一般均衡模型（DSGE）全面、详细的研究经济问题，形成新凯恩斯主义经济波动理论。Ireland（2004）在新凯恩斯主义框架下研究了技术进步、货币政策与经济波动的关系，他认为除了技术冲击，需求冲击、成本冲击和货币政策冲击都是经济波动的原因。Adolfson等（2007）建立开放经济DSGE模型说明技术、劳动供给和消费者偏好能够解释大部分的产出波动。

以上分析了自18世纪以来各个阶段中著名的经济波动理论，其中凯恩斯主义经济波动理论认为内生需求冲击是经济波动的原因，而货币主义和真实经济周期理论则认为外生的货币与技术冲击是经济波动的原因，在新凯恩斯主义框架下运用动态随机一般均衡模型（DSGE）的研究认为外生的技术和货币政策冲击与内生的需求等冲击都可以解释经济波动。

自Ramey（1995）指出经济波动对经济增长可能产生不利影响，之后大量文献得出经济波动与经济增长之间存在负相关关系的结论（Koren和Tenreyro，2007；Lin和Kim，2014），因此对于经济波动的研究具有重要的现实意义。总的来说，以往对经济波动的研究主要关注供给、需求、技术或劳动力等直接冲击的影响（Kydland和Prescott，1982；Aiyagari，Christiano和Eichenbaum，1992；陈昆亭和龚六堂，2004）。

二、间接因素对经济波动的影响研究

近年来对经济波动来源的研究拓展到了制度因素、政策影响、金融深化、行业关联和外部冲击等间接影响因素。在制度因素方面，Evrensel（2010）发现在控制腐败和征收风险的基础上，提升政府的效率和消费能降低经济波动。Duncan（2014）发现新型市场经济体产生的较高波动性与它自身的制度质量有关。它的产生机制在于当一国制度质量较低时，它吸引外资的能力降低，同时财富效应将导致劳动供给的增加，工资降低和通胀消失。当中央银行通过降低利率实现刺激经济发展时，将导致名义利率与产出的负联动。袁申国等（2011）模拟了在不同汇率制度下金融加速器对经济波动的不同影响，发现固定汇率下金融加速器效应强于浮动汇率。孙宁华和曾磊（2013）研究了间歇式制度创新对中国经济波动的影响，发现量化后的中国制度变迁的测度指标可以解释产出周期波动的大部分，并且这种制度冲击具有较长的持续时间。在政策影响方面，饶晓辉和刘方（2014）发现政府生产性支出能够解释23%的总产出波动。黄赜琳和朱保华（2015）发现财政收支冲击能够解释70%以上中国经济波动的特征事实，政府支出冲击加剧中国实体经济波动，而税收冲击对经济波动的影响不显著。在金融深化方面，Beck等（2001）发现通过发展金融中间品可以降低经济波动性。Mallick（2014）进一步发现通过私人信贷的发展可以抑制经济的周期性波动，但不会抑制长期波动。王国静和田国强（2014）也发现金融部门是驱动中国经济周期波动的最主要力量。在行业关联方面，Acemoglu 等（2012）提出了级联效应，发现当经济体变得更加分散时，总体经济波动性的大小由经济体的内部联系网络结构来决定，而且认为如果某一个部门在经济体中的异质性和关联度越高，其对总体经济波动的影响就越大。Gabaix（2011）提出"粒状"假说，证明大企业对总产出波动有着重大的贡献，这种公司层面的异质性冲击可能会演变为总体冲击。

在外部冲击方面，主要分为三种冲击，国际贸易、国际金融和跨国联动效应。Fogli 和 Perri（2015）通过对经合组织 1970—2012 年间经济总体波动性变化的研究发现发达国家外部失衡是其中长期经济波动的重要影响因素。欧阳志刚（2013）基于国际经济周期波动理论，研究国际冲击、国别冲击对中国经济波动的效应，表明中国经济波动与国际经济波动存在趋势和周期协同。梅东州和赵晓军（2015）采用 DSGE 方法，引入金融市场不完备性，分析了中美两国互持资产的异质性对经济周期跨国传递的影响。表明对于权益型资产，双方互持比重越大，两国经济协动性越高，对于债权型资产，双方互持比重越大，两国经济协动性越低。

三、宏观层面经济波动的研究

（一）国家层面的研究

在影响经济波动的外部冲击中，有关国际贸易对经济波动影响的文献与本书的研究最为接近，因此这一部分主要梳理这支文献。随着贸易自由化，各国融入世界经济，学术界对"贸易开放"效应问题的研究兴趣激增，早期的学者们从国家层面研究国际贸易与经济波动的关系，大部分的研究认为国际贸易与经济波动是正向的关系。早期的理论认为国际贸易增加了波动性、降低了福利（Newbery 和 Stiglitz，1984）。Rodrik（1997）认为贸易改革加剧了个人收入波动的原因是较低的贸易壁垒改变了产品替代弹性和劳动力需求函数。Rodrik（1998）进一步实证验证了开放程度越高的国家外来风险越大因而贸易波动越大。Easterly 等（2001）、Bejan（2006）和 Bekaert 等（2006）也证实了国际贸易与产出波动的正向关系。Fernandez 和 Rodrik（1991）、Melitz（2003）认为对外开放使国内制造业竞争压力增大，导致资本和劳动力跨部门重新分配，进而加剧了个人收入波动。

但是，还有一些文献认为国际贸易所引起的专业化生产和多样化销售能够降低经济波动。Koren 和 Tenreyro（2007）指出发展中国家倾向于生产多样化，从而减少经济波动。然而，当达到一定的收入水平之后，多样化水平下降，从而生产专业化和经济发展之间呈现 U 型关系，经济波动性的进一步降低是因为发达国家在波动较小行业的专业化生产。Caselli 等（2014）表明国际贸易所带来的各国销售多样化成为稳定经济的源泉。

（二）行业层面的研究

自 2008 年经济危机爆发以来，国际贸易对经济波动的影响再次受到重视。一些文献对两者之间的关系进行更为细致的分解和行业层面的研究。di Giovanni 和 Levchenko（2012a）利用制造业生产和贸易行业层面的数据，研究了贸易开放度与产出波动关系的机制，指出国际贸易更加开放的部门产出更加不稳定。Krebset 等（2010）首次实证分析贸易政策对个人收入波动的影响，并进一步将实证结果与一个简单的动态一般均衡模型结合起来，评估该影响所引起的福利变化，指出贸易政策对个人收入波动有短期影响，同时由于波动加剧带来的福利成本很高。di Giovanni 和 Levchenko（2012b）构建了基于微观企业异质性冲击的模型研究国家规模和国际贸易对宏观经济波动的影响，指出国际贸易使国家产出更加依赖少数大企业的异质性冲击，从而加剧了宏观经济波动。少量文献从技术复杂度的视角出发，研究开放经济中其对产出波动的影响。Krishna 和 Levchenko（2013）指出技术复杂度更高的行业产出波动更小，发达国家经济发展较高的稳定性取决于其在高复杂度行业上的比较优势。欠发达国家的产出波动较高，部分原因在于其在波动较大行业的专业化。执行合同能力较低或者人力资本水平较低的欠发达国家专业化生产复杂度低的产品，这些产品的特点是产出波动较大。Koren 和 Tenreyro（2013）用技术多样化定义复杂度也得到相似的结论。张少军（2013）建立了国际贸易中的外包方式与经济波动关系的理论分析框架，利用中国 2000—2009 年的省级面板数据，考察外包与经济波动的关系，认为外包是产生经济波动的重要原因。外包通过集约边际波动（企业生产与就业的波动），而不是通过扩展边际波动（企业数量的波动）加剧了经济波动。

四、微观层面经济波动的研究

（一）微观层面经济波动的研究意义

近年来对经济波动来源的研究不仅拓展到间接影响因素，而且拓展到微观视角。进一步从微观企业层面探究经济波动来源的重要意义有三个方面：第一，微观企业异质性对总体经济波动有很大的影响，企业经济系统与宏观经济系统相互影响，要研究宏观经济波动必须深入微观企业层面。早期经济波动的多元观点认为微观企业对总体经济波动的影响很小，因为微观企业的异质性波动会被逐渐分散化，来自一些部门的正冲击总会被来自其他部门的负冲击所中和（Lucas，1977），这一理论与 2008 年经济危机所显示出的现实不符。Haltiwanger（2000）认为由于企业和工人都试图实现利益最大化而使微观层面的经济波动充满复杂性，这些复杂性是宏观经济波动中的重要组成部分。Philippon（2003）建立理论模型表明企业之间竞争的加剧使得企业层面的波动上升而总体经济波动下降。Comin 和 Philippon（2005）也发现 OECD 国家中企业层面的波动与总体经济波动存在显著的负相关关系。Gabaix（2011）提出"粒度"假说，指出当企业规模呈现厚尾分布，大公司对总体经济波动的影响很大。di Giovanni 等（2014）利用 1990—2007 年法国企业数据库对微观企业在总体波动中所起的作用进行了理论和实证的分析。他们构建了一个面向多个市场的异质性企业多部门模型，将企业年销售增长率分解为不同组成部分，发现微观企业的异质性冲击对总销售波动的贡献很大，其影响程度与行业或者国家的冲击一样重要；第二，虽然大量文献实证检验了国际贸易与经济波动的关系，通常得出结论国家或行业层面的贸易开放与宏观经济波动正相关。但是，市场之间冲击的精确传导机制在很大程度上仍是一个黑匣子，原因之一是标准方法都从宏观经济视角分析，而忽略了更为细致的分析视角，尤其是微观企业视角(Vannoorenberghe，2012)；第三，微观企业的波动与宏观经济波动可能呈现不同的模式，企业间的产出增长是不完全相关的，只研究宏观经济波动会掩盖微观企业间的异质性(Imbs，2007)。

(二)有关微观层面经济波动的国外研究

早期的一些文献从微观企业视角寻找产出波动的原因，得出一些有意思的结论。以色列出口更多的企业更容易进入外国金融市场，因此受国内货币政策冲击的影响较小(Ber等，2002)。对于法国公司来说，金融市场的发展和外国投资者的参与增加了企业的波动性(Thesmar 和 Thoenig，2004)。Comin 和 Philippon(2005)发现企业层面波动与总体经济波动的负相关关系似乎存在于美国各行业以及经合组织(OECD)成员国。企业层面波动加剧的原因主要是产品市场的竞争加剧，在研发投入增幅较大和发行更多债券和股票的行业，企业层面波动性更大。Davis 等(2006)采用美国微观企业数据库(LBD)细致刻画了1976 年以后企业层面的经济波动，并对上市公司与私有公司进行比较，寻找影响波动的因素。Buch 等(2009b)使用多要素剩余模型将企业异质性与宏观经济发展分离开，利用1971—2005 年德国企业的平衡面板数据研究企业产出波动的演变。他们发现德国无条件企业的产出波动与总产出波动的演变在长期都呈现下降趋势，有条件的特殊企业产出波动性却缓慢上升，同时企业产出增长与波动之间存在正相关关系。

关于国际贸易对企业产出波动影响的研究分为两个方面，一方面是贸易开放对产出波动的直接影响，另一方面是国际贸易所引起的间接因素对产出波动的影响。Buch 等(2008)首次采用德国微观企业数据研究国际贸易对企业产出波动的影响。他认为理论上贸易开放与产出波动之间的关系并不确定，并发现出口企业的产出波动小于非出口企业，出口比重与产出波动负相关，小公司比大公司更不稳定。Vannoorenbergh(2012)建立局部均衡模型分析企业出口份额对销售波动影响。在各个市场不完全相关和成本函数是凸函数的假设下，企业通过调整在另一个市场的销售来应对一个市场的冲击，企业国内外销售波动是相互关联的，国内销售波动越大国外销售波动越小。出口份额与国外销售波动显著负相关，与国内销售波动显著正相关。另外，如出口份额小于一定的临界值，出口份额与总产出波动负相关。

贸易开放引入的冲击可能加剧企业产出波动性，另一支文献则探寻国际贸易中能够抑制产出波动的间接因素，这一支文献与本书的研究最为接近。一些文献研究了如何通过多样化效应降低波动性进而提高生产率(Juvenal 和 Monteiro，2013)或者利润率(Wagner，2014)，利于投资融资(Shaver，2011)。Vannoorenbergh、Wang 和 Yu(2016)利用中国工业企业数据库和海关数据库建立垄断竞争模型，表明企业规模不同出口波动的表现不同，小型出口企业向更多元化国家出售其出口波动较大，而对于大型出口企业则相反。企业的出口波动性不仅取决于目的地的多样化，还取决于是否永久性地出口到所有市场，小型出口企业更有可能偶尔出口到某些市场，从而提高了出口波动性。除了可以通过多样化效应降低产出波动性，Maggioni 等(2016)发现土耳其企业产品复杂度的提高有利于降低产出波动，提供了产品复杂度与波动性之间关系的第一个微观层面证据，但是并没有建立模型说明两者关系的理论机制。

(三)有关微观层面经济波动的国内研究

近年来国内少数几篇文献从微观企业层面寻找我国对外贸易中能够抑制产出波动的间接因素，主要基于市场多样化、产品多样化、需求网络结构和创新的视角进行研究。

易会文和黄汉民（2014）从出口市场多样化的视角出发，得出实证结果出口市场多样化与出口波动呈现倒 U 型关系，出口市场多样化程度必须达到一定值才能够起到抑制出口波动的作用。出口目的地的需求波动越大多样化效应起到的作用越大，通过异质性分析国有企业出口市场多样化与出口波动存在负向关系，外资企业出口市场多样化与出口波动呈现倒 U 型关系。蒋银娟（2016）从进口中间品多样化的视角出发，表明进口多样化的中间品有替代效应、互补效应和创新效应，进口中间品多样性与产出波动存在 U 型关系，东部地区呈现 U 型关系，而中西部地区呈现负向关系，企业出口密集度越高多样化效应的作用越小。同时该文使用 Heckman 选择模型考虑了企业进退，不仅仅选择连续存在的出口企业。陈蓉（2017）从进出口产品多样化的视角出发，认为进出口产品的多样化能够起到分散风险的作用，从而降低产出波动。该文采用面板门槛模型得出结论，当进口产品多样化程度大于最高门槛值能够降低产出波动，但是出口产品多样化效应不明显。

孙浦阳、张龑和黄玖立（2015）不同于以往异质性企业模型中假设边际成本不变，而基于更贴近现实的边际成本递增的假设，考察了中国制造业企业出口行为与销售波动的关系，发现出口企业国内外市场存在联动关系，国内销售波动越高，国外销售波动越低，并且对于存货越低的企业和加工贸易企业，这种联动关系更显著。同时实证检验了企业出口份额与国外销售波动负相关，与国内销售波动正相关，与整体销售波动呈现 U 型关系。该文献采用中国微观企业数据得出与 Vannoorenbergh（2012）相似的结论，并进一步分析了企业在存货和贸易方式上的异质性。张龑和孙浦阳（2017）从需求网络结构的视角出发，应用网络结构理论，从产品特点和销售策略两个方面描述了中国出口企业的需求分布结构，并将出口波动分解为内源与外源波动，得出结论：需求网络集中度越低出口销售波动越小。同时进一步研究了两者关系的机制，发现企业的规模大小和所有制特点是两者关系的调节因素。

李卓和蒋银娟（2016）建立理论模型，研究了创新对企业产出波动的影响及作用机制，发现创新强度的提高能够起到抑制产出波动的作用。进一步将研发分为研发投入和研发产出发现，研发投入越高，技术种类越多样化，全要素生产率越高，产出波动越小，研发投入对产出波动起到间接影响，而研发产出同时具有直接和间接的影响。

(四)国际贸易对经济波动的影响机制研究

国际贸易影响了经济波动，那么影响的机制是怎样的呢？这方面的文献比较匮乏。Buch 等（2008）认为理论上贸易开放与产出波动之间的关系并不确定。出口可以通过三个渠道影响产出波动：首先是总体冲击的波动性以及各国冲击之间的相关性；二是要素需求和供给的弹性，其决定了产出对宏观经济冲击的反应。企业对冲击的反应受到企业开放程度的影响，因此对于出口更多的企业产出波动可能会更高；第三是多样化效应，各个市场之间的平衡效应源于市场之间的不完全相关性。此外，Kraay 和 Ventura（2007）预测更高的产品需求弹性而不是劳动力供给弹性驱动国家总体经济的波动。Hausmann 和 Hidalgo（2010）提出能力理论，为研究国际贸易在经济增长及经济波动中的作用提供了理论支撑。它认为不同国家的能力不同，创造出不同的产品结构，会对其经济增长与经济波动产生影响。Krishna 和 Levchenko（2013）、Maggioni 等（2016）分别从行业和企业层面研究了出口复杂度对产出波动的影响，表明两者之间关系背后的机制包括两个方面：一方面是市场供求，包括市场集中度、产品替代弹性和产品需求波动因素；另一方面是技术，包括多样化的投入和人力资本密集度因素。

五、简要评述

有关经济波动的问题受到学术界长期关注，近年来对其研究从直接影响因素拓展到间接影响因素，从宏观层面拓展到微观层面。特别是 2008 年世界经济危机之后，外部冲击中的国际贸易对经济波动的影响再次受到重视，大多数文献认为国际贸易加剧了经济波动，只有少数文献发现国际贸易引起的专业化和多样化能够降低经济波动，极少数文献从微观企业层面寻找国际贸易中能够抑制产出波动的因素并说明其中的理论机制，目前从出口质量的视角出发研究该问题的文献非常匮乏。

第四节　本章小结

本章着重回顾了有关供给侧改革、出口质量和经济波动的国内外相关文献。现有研究为本书理解企业产出波动的原因提供了理论支持，同时也为本书寻找新的研究视角提供了启发。

第一，供给侧改革是本书研究出口质量提升影响产出波动的大背景。本章从供给侧改革的背景、内涵以及任务与路径三个方面对相关研究进行了梳理。供给侧改革的理论基础与凯恩斯主义需求管理和供给学派的供给管理均不同，其理论基础是马克思主义政治经济学，而不是供给学派的供给经济学，它是中国特色社会主义经济学的重要组成部分。对于供给侧改革的内涵，大部分学者形成了较为一致的观点，即提高供给质量、扩大有效供给、加强供给结构对需求变化的适应性和灵活性。国内学者主要从结构层面和体制机制层面对供给侧改革进行了阐述。从结构层面而言，供给侧改革的核心是对由于供给结构不适应需求结构变化而导致的效率低下问题进行结构调整。从体制机制层面而言，供给侧改革就是要消除政府在资源配置起主导作用的体制性障碍，建立起一套能够激励创新和创业的体制机制。但是，以往文献较少研究国际贸易供给侧结构性改革，而出口产品质量提升属于国际贸易供给侧结构性改革的重要内容。

第二，有关出口质量的文献是与本书研究相关的其中一支文献。本章从三个方面梳理了出口质量的相关研究：一是质量扩展型异质性企业模型的相关研究，二是微观层面出口产品质量测算的相关研究，三是出口质量增长效应的相关研究。近年来，随着对国际贸易的研究重点由出口数量转向出口质量，出口质量问题成为国内外学术界研究的热点。众多学者在 Melitz(2003) 模型中企业生产率异质性的基础上进一步引入产品质量异质性，提出质量扩展型异质性企业模型。企业产品质量异质性的引入推动了国际贸易理论的发展，也为很多贸易现象提供了新解释。如果想从微观产品—企业层面深入探讨质量异质性对贸易模式、贸易福利以及经济增长与波动的影响，那么出口产品质量的测算就格外重要。目前，主要的测算方法有四种：第一种是基于单位价格的衡量，该种方法较为简单，许多学者对这种方法提出了质疑，认为产品的单位价格能够一定程度上反映产品质量，但又不完全等同于产品质量；第二种是 Khandelwal 等 (2013) 提出基于需求理论模型的 KSW 方法，目前在测算微观产品层面出口质量时这种方法应用最广泛；第三种是余淼杰和张睿 (2017) 基于 Feenstra 和 Romalis (2014) 供需理论模型的框架，提出微观产品—企业层面出口质量测算办法，但是这种方法只能测算有限年份的一般贸易企业的出口质量，有一定的局限性；第四种是用产品内出口复杂度衡量出口产品质量，这种方法从供给的视角理解出口产品质量，用企业供给产品内在的比较优势（技术、资本、管理等）衡量质量。这种方法测算出的出口质量包含很多有关企业能力的信息，更利于寻找出口产品质量影响企业产出波动的驱动因素。在出口质量这支文献中与本书研究主题最接近的是有关出口质量经济增长效应的研究，学者们得出结论：出口质量促进了一国、地区和行业的经济增长，但是研究出口质量对经济波动影响的文献非常匮乏。

第三，对经济波动来源的研究是经济学界的一个核心任务。以往对经济波动的研究主要关注供给、需求、技术或劳动力等直接冲击的影响，近年来对经济波动来源的研究拓展到了间接影响因素。间接影响中主要包括三种外部冲击，即国际贸易、国际金融和跨国联动效应。随着贸易自由化，各国融入世界经济，学术界对贸易开放效应问题的研究兴趣激增，学者们从理论与实证上研究国际贸易与经济发展的关系。自 2008 年经济危机爆发以来，国际贸易对经济波动的影响再次受到重视。一些文献对两者之间的关系进行更为细致的分解和行业层面的研究。近年来对经济波动来源的研究不仅拓展到间接影响因素，而且拓展到微观层面，从微观企业层面探究经济波动来源的意义重大。大部分学者认为由于贸易开放引入的冲击可能会加剧企业产出波动，另一些学者发现国际贸易所引起的多样化和专业化能够抑制产出波动。本书基于对经济波动研究的进展，进一步尝试从国际贸易中的产品质量异质性视角出发，研究其对产出波动的影响。

通过对相关文献的梳理，本书认为尽管已有大量文献研究经济波动的原因，但是有关国际贸易影响经济波动的研究较少，尤其是有关出口质量影响经济波动的研究非常罕见，微观企业层面的研究似乎还没有，目前学者们主要关注的是出口质量的经济增长效应。鉴于此，本书尝试从出口产品质量异质性的视角出发，从微观企业层面研究其对中国制造业企业产出波动的影响及作用机制，为供给侧改革背景下通过高质量发展战略抵御冲击进而减少经济波动提供合理的建议。

第二章 出口质量提升影响企业产出波动的理论机制

出口质量升级的过程中，由于技术创新、出口强度的增加和资源的重新配置等带来的风险可能会加剧产出波动，同时由于出口质量升级优化了产品结构、提高了比较优势进而可以减少产出波动，因此本章探讨出口质量提升如何影响了产出波动。本章理论机制的讨论都是基于出口质量内生化的异质性企业贸易模型，因此首先阐述该模型的基本设定和理论框架，然后在此基础上依次分析出口强度效应、技术效应和市场效应。在G. Vannoorenberghe(2012)波动与出口的理论框架下，引入出口质量异质性，建立均衡模型分析出口强度效应。基于Blanchard和Kremer(1997)的不完美契约模型、Costinot(2009)的劳动分工模型以及能力理论的思想，建立数理模型分析技术效应，并基于"新新国际贸易理论"与产出波动的相关理论建立概念模型分析市场效应。

第一节 出口质量内生化的异质性企业模型

本节在Hallak和Sivadasan(2013)、Fasil和Borota(2013)、Manova和Yu(2017)质量拓展型异质性企业模型的基础上，讨论消费者效用和出口质量的基本设定，为分析理论机制时引入出口质量奠定基础。

一、封闭经济体中的均衡

(一)模型的建立

1. 需求

在垄断竞争框架下建立一个均衡模型，假设替代弹性不变，采用CES效用函数，在效用函数中引入产品质量异质性。

$$U_t = \left(\int_{j \in \Omega_k} (q_j \lambda_j^{\delta_k})^\alpha dj \right)^{\frac{1}{\alpha}} \tag{2.1}$$

其中，j表示产品种类，q_j和λ_j分别表示品种j的数量和质量。消费者更偏爱高质量的产品，两种产品的替代弹性$\sigma = 1/(1-\alpha) > 1$，并且$0 < \alpha < 1$。$\delta_k > 0$表示市场$k$对产品质量的偏爱程度。产品的需求函数为：

$$q_j - p_j^{-\sigma} \lambda_j^{\sigma-1} W_j \tag{2.2}$$

$$W_j = EP^{\sigma-1} + \Gamma_j \tau (\lambda_j)^{1-\sigma} E^* p^{*\sigma-1} \tag{2.3}$$

p_j表示品种j的价格，产品质量λ_j被引入模型，不仅可以捕捉到产品的有形属性，比如耐用性和功能性，而且可以捕捉到产品的无形属性，比如产品的设计等。W_j 衡量综合市场潜力，E 表示外生给定的国内市场支出水平，P 是 CES 价格指数，带星号（ * ）的表示国外的变量。国外需求仅适用于支付固定出口成本 f_x 的企业，在这种情况下，其指标函数 I_j^x 值等于 1。

2. 冰山成本

国际贸易因素 $\tau(\lambda)$ 会调整国外需求，其被作为冰山成本引入模型，使国外需求不同于国内需求。这个因素来源于两个方面：一个方面来源于冰山成本，产品质量越高，冰山成本占总价格的比例越小；另一个方面来源于各国对质量偏好程度的差异，高收入国家更倾向消费高质量产品，并且实施更严格的产品质量标准。对每个等级产品的国外需求取决于国外对产品质量的偏好相比国内更强还是更弱。假设 $\tau(\lambda)$ 是连续的，两阶可微，随着质量的上升而下降，如式(2.4)。并定义贸易成本的质量弹性为 $\varepsilon_\tau(\lambda) = \tau'(\lambda)\lambda/\tau(\lambda)$，假设弹性的边界大于式(2.5)，随着质量的上升而下降，如式(2.6)：

$$\frac{\mathrm{d}\tau(\lambda)}{\partial \lambda} \leqslant 0 \qquad (2.4)$$

$$\varepsilon(\lambda)b\frac{\alpha}{(\sigma - 1)} - (1 - \beta) \qquad (2.5)$$

$$\frac{\mathrm{d}\varepsilon(\lambda)}{\partial \lambda} < 0 \qquad (2.6)$$

以上条件保证求解企业最大利润时有解。

3. 产品和过程生产率

企业有两种异质性特征，过程生产率(φ) 和产品生产率(ξ)，两者都服从两元分布 $v(\varphi, \xi)$。过程生产率(φ) 指企业在较低的可变成本水平上生产给定的产出。边际成本由下式表示：

$$c(\lambda, \varphi) = \frac{\kappa}{\varphi}\lambda^\beta \quad 0 \leqslant \beta < 1 \qquad (2.7)$$

其中，κ 是常数，β 是边际成本的质量弹性。产品质量也包含固定成本，函数表达式为：

$$F(\lambda, \xi) = F_0 + \frac{f}{\xi}\lambda^\alpha \quad \alpha > 0 \qquad (2.8)$$

其中，f 是常数，α 是固定成本的质量弹性。这些成本是产品设计和开发成本或者是实施控制系统以防止产品缺陷相关的成本。

根据 IO 文献中的标准，假设质量的生产需要固定的支出。在给定的投资和支出下，企业实现质量的能力是有差异的，这种能力称为企业的产品生产力(ξ)。比如，产品生产力高的企业的研发部门更有效率，该部门在新产品创意的产生和实施方面起到重要的作用，此外产品生产力高的企业有更好的创新环境，该环境更加利于创造设计出符合不断变化的消费者口味的产品。

过程生产力(φ) 是经济学家对"生产力"的标准解释，相比之下，产品生产率通常被忽略。特别是在生产率估算理论中，该理论通常假定企业的生产率只影响其可变成本。对产品生产率和过程生产率进行不对称处理的做法是不合理的。人们普遍认为，企业竞争力的关键是固定支出一定时生产的有效性或者是降低可变成本的有效性。事实上，企业的战略和营销研究人员长期以来都将产品差异战略（即产品质量领导或者客户满意度）与成本领导战略区分开来，企业把产品差异战略作为在市场上获得竞争优势的替代方法。管理学学者们反过来指出每种方法所强调的不同的组织能力，并且讨论有助于培养产品差异化能力的组织结构和激励制度是否与提高成本领导能力相适应。因此，区分这两种类型的生产力对于研究企业动态、总生产率、解释企业的出口行为以及制定促进国际竞争力和出口发展的贸易政策至关重要。

（二）企业的最优选择

由需求函数可以得出企业收入的表达式：

$$r(p_j, \lambda_j) = \tilde{p}_j^{1-\sigma} W_j \tag{2.9}$$

其中，$\tilde{p}_j \equiv p_j / \lambda_j$ 是质量调整的价格。对于国内企业，$W_j = W = EP^{\sigma-1}$，收入只决定于质量调整的价格。但是，对于出口企业，W_j 是质量的函数，质量通过 $\tau(\lambda)$ 引入了优势。企业选择价格和质量实现最大化利润：

$$\pi(p_j, \lambda_j) = \frac{1}{\sigma} \tilde{p}_j^{1-\sigma} W_j(\lambda_j) - F(\lambda_j) - \Gamma_j^x f_x \tag{2.10}$$

在封闭经济下，得出最优质量的表达式为：

$$\lambda_d(\varphi, \xi) = \left[\frac{1-\beta}{\alpha} \left(\frac{\sigma-1}{\sigma} \right)^{\sigma} \left(\frac{\varphi}{K} \right)^{\sigma-1} \frac{\xi}{f} EP^{\sigma-1} \right]^{\frac{1}{\alpha'}} \tag{2.11}$$

其中，$\alpha' \equiv \alpha - (1-\beta)(\sigma-1) > 0$，$\varepsilon(\lambda) > 0$。

同时，最优价格的表达式为：

$$P_d(\varphi, \xi) = \left(\frac{\sigma}{\sigma-1} \right)^{\frac{\alpha-\beta(\sigma-1)}{\alpha'}} \left(\frac{K}{\varphi} \right)^{\frac{\alpha-(\sigma-1)}{\alpha'}} \left[\frac{1-\beta}{\alpha} \frac{\xi}{f} EP^{\sigma-1} \right]^{\frac{\beta}{\alpha'}} \tag{2.12}$$

当控制住 φ，ξ 更高的企业价格更高，因为这些企业生产更高质量的产品，边际成本也更高。相反，当控制住 ξ，φ 对价格的影响是不明确的。直接效应通过降低边际成本降低了价格，间接效应通过选择更高的质量提高了边际成本和价格。直接效应还是间接效应占主导地位取决于 $\alpha - (\sigma-1)$ 的符号。

根据式（2.11）和式（2.12），质量调整的价格可以表示为：

$$\tilde{P}(\varphi, \xi) = A\eta(\varphi, \xi)^{\frac{-1}{\sigma-1}} (EP^{\sigma-1})^{\frac{-1-\beta}{\alpha'}} \tag{2.13}$$

$$A \equiv \left(\frac{\alpha}{1-\beta} \right)^{1-\beta} \left(\frac{\sigma-1}{\sigma} \right)^{1+\sigma(1-\beta)} \tag{2.14}$$

$$\eta(\varphi, \xi) \equiv \left[\left(\frac{\varphi}{\kappa} \right)^{\frac{\alpha}{\alpha'}} \left(\frac{\xi}{f} \right)^{\frac{1-\beta}{\alpha'}} \right]^{\sigma-1} \tag{2.15}$$

其中，$\eta(\varphi, \xi)$ 包含企业生产率的信息，被称为"组合生产率"。组合生产率相同的企业，其质量调整的价格相同。

企业的收入可以表示为 η 的函数：

$$r_d(\varphi, \xi) = \eta H (EP^{\sigma-1})^{\frac{\alpha}{\alpha'}} \tag{2.16}$$

$$H \equiv \left(\frac{\sigma-1}{\sigma}\right)^{\frac{\alpha\sigma-\alpha'}{\alpha'}} \left(\frac{1-\beta}{\alpha}\right)^{\frac{\alpha-\alpha'}{\alpha'}} \tag{2.17}$$

进一步固定成本也可以表示为 η 的函数，因此利润表示为 η 的函数：

$$\pi_d(\varphi, \xi) = \eta J (EP^{\sigma-1})^{\frac{\alpha}{\alpha'}} - F_0 \tag{2.18}$$

$$J \equiv \left(\frac{\sigma-1}{\sigma}\right)^{\frac{\alpha\sigma}{\alpha'}} \left(\frac{1-\beta}{\sigma}\right)^{\frac{\alpha}{\alpha'}} \left(\frac{\alpha-\alpha'}{\alpha'}\right) \tag{2.19}$$

在封闭经济体中，组合生产力（η）是企业规模和利润的一个概括性决定因素。因此，η 值相同的国内企业获得相同的收入和利润，而不管哪个 φ 和 ξ 组合产生该值。值得注意的是，具有相同 η 值的企业，质量和价格也可能是不同的。因此，与质量单异质性企业模型不同，双异质性企业模型里的价格与企业规模不是单调的关系。当利润大于零时，企业能够在市场上存活，组合生产力（η）是决定企业生存的关键因素。

二、开放经济体中的均衡

在封闭经济体中无法研究企业出口情况，在这一部分我们描述开放经济体的重要特征和开放经济体中的均衡。

首先，出口企业的产品质量更高，收入也更高。出口企业的市场更大，获得更高的收入，而更大的市场和降低成本的目的驱使企业进行产品质量升级。其次，组合生产力（η）不再能够充分表示出口企业的收入和利润，因为贸易成本由质量决定，相比国内企业，出口企业的利润对产品生产率比对过程生产率更加敏感。

最优质量满足条件：

$$\Upsilon\left(\frac{\varphi}{\kappa}\right)^{\sigma-1}[(1-\beta)EP^{\sigma-1}\tau(\lambda)^{\sigma-1} + (1-\beta+\varepsilon(\lambda))E^*P^{*\sigma-1}] - \frac{f\alpha\lambda^{\alpha'}}{\xi\tau(\lambda)^{1-\sigma}} = 0 \tag{2.20}$$

其中，$\Upsilon = \left(\dfrac{\sigma}{\sigma-1}\right)^{-\sigma}$，由该条件可以得出出口质量大于国内质量，即 $\lambda_\chi(\varphi, \xi) > \lambda_d(\varphi, \xi)$，出口企业进行质量升级，必然促使收入和利润的提高以适应质量升级，因此 $r_\chi(\varphi, \xi) > r_d(\varphi, \xi)$。

第二节 出口质量提升对产出波动的影响机制
——基于出口强度效应的视角

本节基于 G. Vannoorenberghe（2012）波动与出口的理论分析框架，同时借鉴质量拓展型异质性企业模型中对消费者效用设定的思路，引入企业出口质量，刻画出口质量提升影响产出波动的理论机制。不同于以往文献中的标准假设(边际成本不变,国内与国外市场相互独立),本书的理论推导基于成本函数是凸函数,企业的销售可以在国内外两个市场之间进行调整。理论模型表明,对于有内外销售市场并且连续出口的企业,出口质量的提升通过出口强度的增加抑制了出口波动,加剧了国内波动。对于总产出波动,当出口强度小于门槛值,出口质量的提升能够减少总产出波动,大于门槛值则结果相反。

一、消费者

依据上文中质量扩展型异质性企业模型设定消费者效用和出口质量。假设存在一个由两个国家组成的世界,本国(H)和外国(F),这两个国家是对称的,因此所有的外生参数和随机变量的分布在本国和外国都是相同的。在垄断竞争框架下,消费者效用函数采用质量扩充的 CES 效用函数:

$$u_{it} = \left[\int_{\omega \in \Omega i} (x_{it}(\omega) q_{it}(\omega))^{\frac{\epsilon-1}{\epsilon}} d\omega \right]^{\frac{\epsilon}{\epsilon-1}} \tag{2.21}$$

其中,ω 是产品种类,Ω_i 是 i 国市场上消费的产品集合,时间 t 是离散和无限的,x_{it} 和 q_{it} 分别表示 i 国市场上的产品质量和数量,产品间替代弹性 ε 保持不变,$\varepsilon > 1$ 保证消费者偏好的多样性,消费者效用由产品质量和数量共同决定。

消费者的预算约束为 $\int_{\Omega} p_{it}(\omega) q(\omega) d\omega = I$,$p_{it}(\omega)$ 是产品 ω 在时间 t 市场 i 上的价格,基于消费效用最大化,得到消费者对每种产品的最优需求:

$$q_{it}(\omega) = (x_{it}(\omega))^{\epsilon-1}(p_{it}(\omega))^{-\epsilon} P_{it}^{\epsilon-1} I \tag{2.22}$$

需求是质量和价格指数的增函数,其中 P_{it} 是平均价格指数:

$$P_{it} = \left[\int_{\omega \in \Omega} (x_{it}(\omega))^{\epsilon-1}(p_{it}(\omega))^{1-\epsilon} d\omega \right]^{\frac{1}{1-\epsilon}} \tag{2.23}$$

根据公式(2.23)和大数定律,得到:

$$\begin{aligned}
\frac{P_H^{1-\varepsilon}}{AI^{C-1}} &= \int_{\zeta \in S} \int_{x \in X_H} \zeta_H z^{\frac{1-\varepsilon}{\alpha}C} (\zeta_H P_H^{\varepsilon-1} + \tau^{1-\varepsilon} \zeta_F P_F^{\varepsilon-1})^{C-1} dG(x) dF(\zeta) \\
&+ \int_{\zeta \in S} \int_{x \in X_F} \zeta_F z^{\frac{1-\varepsilon}{\alpha}C} (\tau^{1-\varepsilon} \zeta_H P_H^{\varepsilon-1} + \zeta_F P_F^{\varepsilon-1})^{C-1} dG(x) dF(\zeta) \\
&+ P_H^{(\varepsilon-1)(C-1)} \left(\int_{\zeta \in S} \int_{x \in D} z^{\frac{1-\varepsilon}{\alpha}C} (\zeta_H)^C dG(x) dF(\zeta) \right)
\end{aligned} \tag{2.24}$$

其中,P_H 是国内价格指数,P_F 是国外价格指数,ζ 是短期需求冲击的向量①,X_H 是国内出口企业的集合,X_F 是国外出口企业的集合,X_D 是只在国内销售产品没有出口行为的企业集合。由于前文中假设各个国家是对称的,所有的外生参数和随机变量的分布在本国和外国都是相同的,所以 $P_H = P_F \equiv P$,式(2.24)可以简化为:

---

① 不同于以往异质性企业模型中产品需求参数的设定,本书中短期需求冲击主要指产品质量的提升带来的正向的需求冲击(Crozet 等,2009),这样的设定保证面对不同的需求冲击,企业的出口强度不同。

$$I^{1-C}\frac{P(1-\varepsilon)C}{A} = \int_{\zeta \in S}\int_{x \in X_H}\zeta_H z^{\frac{1-\varepsilon}{\alpha}C}(\zeta_H + \tau^{1-\varepsilon}\zeta_F)^{C-1}\mathrm{d}G(x)\mathrm{d}F(\zeta)$$

$$+ \int_{\zeta \in S}\int_{x \in X_F}\zeta_F z^{\frac{1-\varepsilon}{\alpha}C}\tau^{1-\varepsilon}(\tau^{1-\varepsilon}\zeta_{jH} + \zeta_F)^{C-1}\mathrm{d}G(x)\mathrm{d}F(\zeta)$$

$$+ \int_{\zeta \in S}\int_{x \in D}z^{\frac{1-\varepsilon}{\alpha}C}(\zeta_H)^C\mathrm{d}G(x)\mathrm{d}F(\zeta) \qquad (2.25)$$

由于各国是对称的，同时 $X_H = X_F \equiv X$，所以价格指数可以进一步化简为：

$$I^{1-C}\frac{P(1-\varepsilon)^C}{A} = \int_{\zeta \in S}\int_{x \in X}z^{\frac{1-\varepsilon}{\alpha}C}(\zeta_H + \tau^{1-\varepsilon}\zeta_F)^C\mathrm{d}G(x)\mathrm{d}F(\zeta)$$

$$+ \int_{\zeta \in S}\int_{x \in D}z^{\frac{1-\varepsilon}{\alpha}C}(\zeta_H)^C\mathrm{d}G(x)\mathrm{d}F(\zeta) \qquad (2.26)$$

依据大数定律，通过对式(2.24)、式(2.25)和式(2.26)的推导，可以得出在稳态均衡中各个国家的价格指数相等并且是不随时间变化的。

定义 $E = P^{\varepsilon-1}I$，经过化简，企业 j 的需求函数为：

$$q_{jit}(\omega) = (x_{jit}(\omega))^{\epsilon-1}(p_{jit}(\omega))^{-\epsilon}E \qquad (2.27)$$

由需求函数可以推导出企业 j 的产品在时间 t 市场 i 的价格函数：

$$p_{jit}(\omega) = (x_{jit}(\omega))^{\frac{\epsilon-1}{\epsilon}}(q_{jit}(\omega))^{-\frac{1}{\epsilon}}E^{\frac{1}{\epsilon}} \qquad (2.28)$$

二、企业

在考察质量拓展的消费者行为的基础上，进一步拓展 Vannoorenberghe(2012) 的模型，引入出口质量异质性，考察企业的最优行为。假设企业生产只使用劳动要素，工资率标准化为1，每单位产出 y_{jt} 需要单位成本 $z_{jt}y_{jt}^{\alpha} + f_j$，其中 z_{jt} 体现企业生产率异质性①，$\alpha > 1$ 以保证在时间 t 总成本是凸函数，为简化分析，假设 z_{jt} 不随时间变化但在企业间是异质的。

企业的产出如果要销售到外国市场必须支付两种成本，一种是运输中的冰山成本 $\tau_{jt} \geq 1$，冰山成本是企业特殊的贸易成本，所有企业的冰山成本服从均值为 μ_{τ}，方差为 σ_{τ}^2 的不随时间变化的独立分布。另一种成本是出口企业需要额外支付的固定成本 f_x，比如企业进入一个新的出口市场需要获取海外需求信息和建立分销渠道等，这些环节所需要支付的成本。

在每一个时期，企业的行为有三个阶段：第一阶段，在需求冲击之前企业决定是否生产、出口和支付相关的固定成本(包括生产的固定成本 f_j 和出口的固定成本 f_x)；第二阶段，发生需求冲击；第三阶段，生产企业决定雇佣劳动力的数量和销售到每个市场的产品数量。

模型假设没有资本投入和存货，企业在 t 时期的行为不会影响企业在其他时期的行

① "新新国际贸易理论"引入企业生产率异质性，研究得出生产率较高(z_{jt} 较低)的企业倾向选择出口，而生产率较低的企业只在国内销售的结论(Melitz, 2003)。本节的模型中加入了产品质量异质性，产品质量越高的企业国外需求越大，因此也更倾向选择出口。

为，企业最大化在每个时期的利润。这样的假设保证企业在每个时期面临相同的问题和采取相同的决定，并且不存在企业的退出和进入，因此模型适用于持续出口的企业。[①]

模型区分国内销售产品质量 x_H 与出口产品质量 x_F，质量更高的产品更倾向出口，同时，消费者会区别看待国内产品质量和国外产品质量（Dinopoulos 等，2013；Vannoorenberghe，2012）。

国内销售企业和出口企业的利润分别由式（2.29）和式（2.30）表示：

$$\pi_{jHt} = (A/(C\varepsilon))z_j^{\frac{1-\varepsilon}{\alpha}C}(x_{jHt})^C - f_j \tag{2.29}$$

$$\pi_{jFt} = (A/(C\varepsilon))z_j^{\frac{1-\varepsilon}{\alpha}C}(x_{jHt} + \tau_{jt}^{1-\varepsilon}x_{jFt})^C - f_j - f_x \tag{2.30}$$

其中，$C \equiv \alpha/(\varepsilon\alpha - \varepsilon + 1) < 1$，$A \equiv ((\varepsilon - 1)/(\varepsilon\alpha))^{C(\varepsilon-1)/\alpha}$。

如果 $E(\pi_{jFt}) \geq E(\pi_{jHt})$，并且 $E(\pi_{jFt}) \geq 0$，企业选择出口，即：

$$(A/(C\varepsilon))z_j^{\frac{1-\varepsilon}{\alpha}C}[E[(x_{jHt} + \tau_{jt}^{1-\varepsilon}x_{jFt})^C] - E[(x_{jHt})^C]] \geq f_x \tag{2.31}$$

$$(A/(C\varepsilon))z_j^{\frac{1-\varepsilon}{\alpha}C}E[(x_{jHt} + \tau_{jt}^{1-\varepsilon}x_{jFt})^C] - f_j - f_x \geq 0 \tag{2.32}$$

出口企业要实现利润最大化：

$$\max_{q_H, q_F} p_{jH}(x_{jHt}, q_H)q_H + p_{jF}(x_{jFt}, q_F)q_F - z_j(q_H + \tau_{jt}q_F)^\alpha - f_j - f_x \tag{2.33}$$

通过式（2.33）求解出最优的产品国内销售数量 q_H 和产品国外销售数量 q_F，将最优的销售数量代入式（2.28），得出最优价格，产品价格乘以产品销售数量，得到最优的国内销售收入和国外销售收入：

$$r_{jH}(x_{jHt}, x_{jFt}, \tau_{jt}) = AEz_j^{\frac{1-\epsilon}{\alpha}C}x_{jHt}(x_{jHt} + \tau_{jt}^{1-\epsilon}x_{jFt})^{C-1} \tag{2.34}$$

$$r_{jF}(x_{jHt}, x_{jFt}, \tau_{jt}) = AEz_j^{\frac{1-\epsilon}{\alpha}C}\tau_{jt}^{1-\epsilon}x_{jFt}(x_{jHt} + \tau_{jt}^{1-\epsilon}x_{jFt})^{C-1} \tag{2.35}$$

国内销售收入加上国外销售收入得到总销售收入：

$$r_j(x_{jHt}, x_{jFt}, \tau_{jt}) = AEz_j^{\frac{1-\epsilon}{\alpha}C}(x_{jHt} + \tau_{jt}^{1-\epsilon}x_{jFt})^C \tag{2.36}$$

进而可以推导出国外销售收入占总销售收入的比例，得到企业的出口强度：

$$\psi_j(x_{jHt}, x_{jFt}, \tau_{jt}) = \frac{\tau_{jt}^{1-\epsilon}x_{jFt}}{x_{jHt} + \tau_{jt}^{1-\epsilon}x_{jFt}} \tag{2.37}$$

由于成本函数是凸函数，出口企业的销售收入由国内与国外需求冲击共同决定，企业在面对需求冲击时可以灵活地协调国内与国外市场销售的比例。假设出口产品质量提升（$x_{jFt} > x_{jFt-1}$），引起正的国外需求冲击。面对短期需求冲击时，企业会进行两个边际调整：第一，企业产出增加，边际成本递增；[②]第二，为了使国内与国外两个市场的边际收益等于边际成本，企业减少国内市场的销售增加国外市场的销售。这一机制说明对于同时在国内外两个市场销售的企业，国内外销售的增长率存在负相关关系，这与以往文献中的标准假设不同，标准假设是边际成本不变，国内与国外市场相互独立。近年来国内部分研

---

①　为了与理论模型假设保持一致，在实证分析中将选择连续 5 年出口的企业作为样本。

②　Melitz（2003）模型中假设边际成本不变，该假设只适用于长期分析。但是市场波动是短期现象，随着企业产出的增长，边际成本递增（Vannoorenberghe，2012；孙浦阳、张甦和黄玖立，2015）。

究也发现企业在国内与国外两个市场上销售的联动现象（孙浦阳、张龑和黄玖立，2015；戴觅和茅锐，2015）。

通过式（2.28）、式（2.34）和式（2.35），可以得出出口企业在国内市场的价格和国外市场的价格：

$$p_{jHt}^{1-\varepsilon} = A z_j^{\frac{1-\varepsilon}{\alpha}C} I^{C-1}(x_{jHt}P_H^{\varepsilon-1} + \tau_{jt}^{1-\varepsilon}x_{jFt}P_F^{\varepsilon-1})^{C-1} \tag{2.38}$$

$$p_{jFt}^{1-\varepsilon} = A z_j^{\frac{1-\varepsilon}{\alpha}C} I^{C-1}\tau_{jt}^{1-\varepsilon}(\tau_{jt}^{1-\varepsilon}x_{jHt}P_H^{\varepsilon-1} + x_{jFt}P_F^{\varepsilon-1})^{C-1} \tag{2.39}$$

从式（2.38）和式（2.39）可以看出价格函数是产品质量的增函数，这与之前有关质量扩展型异质性企业模型的文献结论一致（Hallak 和 Sivadasan，2013；Feenstra 和 Romalis，2014）。

三、产出波动

以上分析了引入质量异质性后均衡条件下消费者与企业的最优行为，在此基础上可以研究企业的产出波动，探讨出口质量提升影响产出波动的微观机制。鉴于出口企业的产出分为两部分，一部分产出销售到国内市场，一部分产出销售到国外市场，因此本书将企业产出波动首先分解为国内波动与出口波动，分别细致考察出口质量对这两部分的影响，然后再综合考察出口质量对总产出波动的影响。

由企业最优销售收入的表达式（2.34）和表达式（2.35），得到出口企业的增长率：

$$g_j(\gamma_{jXt}) \equiv \ln(r_j(x_{jHt}, x_{jFt}, \tau_{jt})) - \ln(r_j(x_{jHt}, x_{jFt-1}, \tau_{jt-1})) \tag{2.40}$$

其中，$\gamma_{jXt} = (x_{jHt}, x_{jHt-1}, x_{jFt}, x_{jFt-1}, \tau_{jt}, \tau_{jt-1})'$，是影响出口企业销售的随机变量的向量。

使用增量法，出口企业国内外销售增长率的同期协方差为：

$$Gov(g_{jH}(\gamma_{jXt}), g_{jF}(\gamma_{jXt})) = (\nabla g_{jH}(\gamma_X))'V(\gamma_{jXt})\nabla g_{jF}(\gamma_X) \tag{2.41}$$

其中，$V(\gamma_{jXt})$ 是向量 γ_{jXt} 的方差协方差矩阵。假设所有的冲击都是独立的，式（2.41）可以表示为：

$$Gov(g_{jH}(\gamma_{jXt}), g_{jF}(\gamma_{jXt})) = 2\left(g_{jHH}g_{jFH}\frac{\sigma_H^2}{\mu_H^2} + g_{jHF}g_{jFF}\frac{\sigma_X^2}{\mu_X^2}\right) \tag{2.42}$$

其中，$\dfrac{\sigma_X^2}{\mu_X^2} \equiv \dfrac{\sigma_F^2}{\mu_F^2} + (\varepsilon-1)^2 \dfrac{\sigma_\tau^2}{\mu_\tau^2}$ 和 $g_{jNM} = \mu_M \dfrac{\partial g_{jN}(\gamma_{jXt})}{\partial x_{jMt}}\bigg|_{\gamma_{jXt}=\gamma_X}$，可以得出：

$$g_{jHH} = 1 + (C-1)(1-\Psi_j) > 0 \quad g_{jHF} = (C-1)\Psi_j < 0$$

$$g_{jFF} = 1 + (C-1)\Psi_j > 0 \quad g_{jFH} = (C-1)(1-\Psi_j) < 0 \tag{2.43}$$

由式（2.42）和式（2.43），可以得出结论，对于连续出口的企业，国内外销售的增长率存在负相关关系（Vannoorenberghe，2012；孙浦阳、张龑和黄玖立，2015）。

对于连续的出口企业，已知销售增长率的表达式，可以进一步用增长率的方差来表示波动：

$$Var(g_{ji}(\gamma_{jXt})) = (\nabla g_{ji}(\gamma_x))'V(\gamma_{jXt})\nabla g_{ji}(\gamma_x) \tag{2.44}$$

同样，假设所有的冲击都是独立的，进一步得到：

$$Var(g_{ij}) = g_{jiH}^2 \frac{\sigma_H^2}{\mu_H^2} + g_{jiF}^2 \frac{\sigma_X^2}{\mu_X^2} \tag{2.45}$$

由式(2.37)、式(2.43)和式(2.45)，令 $B \equiv \tau_{jt}^{1-\varepsilon}/x_{jHt}$，可以得到国内波动和出口波动的表达式：

$$Vol_{jH} \approx 2(1 + (C-1))(1 - (1 - 1/(1 + Bx_{jFt})))^2 \frac{\sigma_H^2}{\mu_H^2}$$

$$+ 2(C-1)^2(1 - 1/(1 + Bx_{jFt}))^2 \frac{\sigma_X^2}{\mu_X^2} \tag{2.46}$$

$$Vol_{jF} \approx 2(1 + (C-1)(1 - 1/(1 + Bx_{jFt})))^2 \frac{\sigma_X^2}{\mu_X^2}$$

$$+ 2(C-1)^2(1 - (1 - 1/(1 + Bx_{jFt})))^2 \frac{\sigma_H^2}{\mu_H^2} \tag{2.47}$$

其中，Vol_{jH} 是国内销售波动，简称国内波动，Vol_{jF} 是国外销售波动，即出口波动。$(1 - 1/(1 + Bx_{jFt}))$ 是变形后的出口强度的表达式，σ_H^2/μ_H^2 表示企业国内销售行为所面临的冲击，σ_X^2/μ_X^2 表示企业出口行为所面临的冲击。

由表示出口强度的式(2.37)、表示波动的式(2.46)和式(2.47)可知，出口质量与国内波动存在正向关系，出口质量与出口波动存在负向关系，且出口强度是出口质量与国内外波动的中介因素。国内外销售的负相关关系是该结论背后的原因。当出口产品质量提升（$x_{jFt} > x_{jFt-1}$），引起正的国外需求冲击，企业会减少国内市场的销售以增加国外市场的销售，于是企业的出口强度增大，国内外市场间的替代数量占国外市场销售数量的比重较小，占国内市场销售数量的比重较大，因此出口增长率有较小幅度的上升，出口波动较小，国内销售增长率有较大幅度的降低，国内波动较大。由此我们得出第一个命题：

命题1：对于有内外销售市场并且连续出口的企业，出口质量的提升通过出口强度的增加抑制了出口波动，加剧了国内波动。

在以上分析中，分别探讨了出口质量对出口波动和国内波动的影响，接下来进一步探讨出口质量对总产出波动的影响。假设所有的冲击都是独立的，可以用总产出增长率的方差表示出口企业的总产出波动：

$$Vol_j \approx 2C^2 \left((1 - (1 - 1/(1 + Bx_{jFt})))^2 \frac{\sigma_H^2}{\mu_H^2} + (1 - 1/(1 + Bx_{jFt}))^2 \frac{\sigma_X^2}{\mu_X^2} \right) \tag{2.48}$$

为了简化分析，首先假设 $\sigma_H^2/\mu_H^2 = \sigma_X^2/\mu_X^2$，表示企业国内外销售行为所面临的冲击没有差别。由式(2.37)和式(2.48)可知，企业出口强度小于50%时，出口质量的提升可以抑制总产出波动。由于假设国内外销售行为所受冲击无差异，出口企业可以更加灵活地选择国内销售市场与国外销售市场，这种多样化的销售策略分散了风险，进而降低了总产出波动。

但是现实中，企业国外销售行为受到的冲击可能大于国内销售行为，于是放松假设，

当 $\sigma_H^2/\mu_H^2 < \sigma_X^2/\mu_X^2$ 时，存在一个出口强度的门槛值 Ψ^*①：

$$\Psi^* \equiv \frac{\sigma_H^2/\mu_H^2}{\sigma_H^2/\mu_H^2 + \sigma_X^2/\mu_X^2} \tag{2.49}$$

由式(2.37)、式(2.48)和式(2.49)可知，当 $\Psi < \Psi^*$ 时，企业出口质量越高，出口强度越大，总产出波动越小，由于多样化效应的存在，企业出口质量的提升可以通过出口强度的增大抑制总产出波动；当 $\Psi > \Psi^*$ 时，企业出口质量越高，出口强度越大，总产出波动越大，由于本质上出口行为的风险更大，当出口强度超过一定的门槛值，多样化效应减弱，出口质量的提升将无法通过出口强度起到抑制总产出波动的作用，由此我们得出第二个命题：

命题2：当企业出口强度小于(大于)门槛值(Ψ^*)，出口质量的提升减少(加剧)了总产出波动。

第三节　出口质量提升对产出波动的影响机制
——基于技术效应的视角

能力理论假设在生产产品时需要大量投入品，这些投入品包括有形的投入品和无形的投入品(例如技能、管理等)，后一种投入品称之为能力(Capability)。产品的质量越高，生产时需要越多的中间投入。当中间投入较多时，总产出由大量不相关冲击的组合决定，风险分散，因此波动较小。本节借鉴 Blanchard 和 Kremer(1997)的不完美契约模型、Costinot(2009)的劳动分工模型以及能力理论的思想，说明产品质量提升通过技术效应抑制产出波动的理论机制。技术效应包括中间品投入的多样化和人力资本因素。

一、基于中间品投入多样化效应的分析

Blanchard 和 Kremer(1997)的不完美契约模型里假设一个经济体由无数产品组成，每个产品生产需要数量不等的中间投入 z，Krishna 和 Levchenko(2013)用生产所需中间投入的数量定义产品内复杂度，产品内复杂度可以作为产品质量的代理变量。中间投入包括有形的投入和无形的投入，比如技术、人力资本等，并且每个产品生产对中间投入的需求符合里昂惕夫函数性质。$q(s)$ 是生产最终产品的中间投入的数量，产品的产出 q_z 可以用下式表示：

$$q_z = \min(q(1),\dots, q(s),\dots, q(z)) \tag{2.50}$$

最终产品生产者和中间品生产商签订合同，提供中间投入。中间商执行合同的概率是 ρ，背弃合同的概率是 $1 - \rho$。ρ 体现了生产最终产品企业的能力(例如管理、制度和技能等)，能力越高，中间商背弃合同的可能越小，中间产品能够结合在一起用于生产的可能性越大。最终产出为 q_z 的概率是 ρ^z，产出为 0 的概率是 $1 - \rho^z$。假设所有的中间商都是完

---

① 根据 $\sigma_H^2/\mu_H^2 < \sigma_X^2/\mu_X^2$ 的假设和式(2.49)，出口强度的门槛值 Ψ^* 应该小于50%。

全相同的，并且对称地进入生产函数，概率为 ρ^z 时，最终产出为 $1/z$；概率为 $1 - \rho^z$ 时，最终产出为 0。产出的变动可以用产出的方差 $(1/z^2)\,\rho^z(1 - \rho^z)$ 表示。产品质量与产出变动的关系可以用下式表示：

$$\frac{\mathrm{d}}{\mathrm{d}z}Var\left(\frac{1}{z}\rho^z\right) = \frac{\rho^z}{z^2}\left[\ln\rho(1 - 2\rho^z) - \frac{2}{z}(1 - \rho^z)\right] \tag{2.51}$$

因为 $\rho \in (0, 1)$，且 $z \geqslant 1$，所以 $\rho^z \in (0, 1)$。

当 $\dfrac{1 - 2\rho}{1 - \rho}\ln\rho < 2$ 时，$\dfrac{1 - 2\rho^z}{1 - \rho^z}\ln\rho^z < 2$。

对 $f(\rho) = \dfrac{1 - 2\rho}{1 - \rho}\ln\rho$ 函数微分，$\dfrac{d}{d\rho}\left[\dfrac{1 - 2\rho}{1 - \rho}\ln\rho\right] = \dfrac{1}{\rho} - \dfrac{(1 - \rho) + \ln\rho}{(1 - \rho)^2}$。当 $(1 - \rho) + \ln\rho < 0$，函数单调递增。

利用洛必达法则，我们可以得到：

$$\lim_{\rho \to 1}\left[\frac{1 - 2\rho}{1 - \rho}\ln\rho\right] = \lim_{\rho \to 1}(1 - 2\rho)\lim_{\rho \to 1}\left[\frac{\ln\rho}{1 - \rho}\right] = (-1)\lim_{\rho \to 1}\frac{\ln\rho}{1 - \rho}$$

$$= -\lim_{\rho \to 1}\frac{1/\rho}{-1} = 1 < 2 \tag{2.52}$$

因此，$(\mathrm{d}/\mathrm{d}z)Var(\rho^z/z) < 0$。我们得出第三个命题：

命题 3：当使用产品内复杂度作为产品质量的代理变量，产品质量越高，产品的中间投入越多，产出波动性越小，即产品质量的提升通过中间投入的多样化降低了产出波动。

二、基于人力资本效应的分析

基于 Costinot（2009）的劳动分工模型，假设一个经济体由无数产品组成，每个产品的生产需要执行 z 个任务，令 $s \in (0, z)$ 表示一个特定的任务，$q(s)$ 为任务 s 的数量。产品的产出 q_z 可以用下式表示：

$$q_z = \min_{s \in (0, z)}q(s) \tag{2.53}$$

企业由劳动者 L 组成，每个劳动者的生产力为 h，每个工人为完成每个任务必须花 1 个单位的学习成本。N 是生产复杂度为 z 的产品的团队规模，每个团队成员专门负责 z/N 个任务，支付固定成本学习这些任务后，每个工人花 $h - (z/N)$ 单位的劳动生产产品，每个工人能够为每个任务分配 $(h - (z/N))/(z/N)$ 个单位的劳动。同时，生产率冲击 ε 影响每个工人工作的表现，因此，工人的实际输出可以由下式表示：

$$q(s) = \left(\frac{hN}{z} - 1\right)\varepsilon \tag{2.54}$$

将式（2.54）代入式（2.53），每个工人的产出是：

$$\frac{q_z}{N} = \left(\frac{h}{z} - \frac{1}{N}\right)\min_{n = 1, \ldots, N}\varepsilon_n \tag{2.55}$$

每个工人的预期产出则等于：

$$E\left(\frac{q_z}{N}\right) = \left(\frac{h}{z} - \frac{1}{N}\right)E(\varepsilon_{(1)}) \tag{2.56}$$

根据冲击的函数分布，解出：

$$E(\varepsilon_{(1)}) = \frac{1}{N+1} \tag{2.57}$$

$$Var(\varepsilon_{(1)}) = \frac{N}{(N+1)^2(N+2)} \tag{2.58}$$

求解对于产品内复杂度为 z 的最优团队规模：

$$N_z = \text{argmax}_N\left(\frac{h}{z} - \frac{1}{N}\right)\frac{1}{N+1} \tag{2.59}$$

在式(2.59)中对 N 求一阶偏导，并令其等于零，可得：

$$\frac{1}{N^2}\frac{1}{N+1} + \left(\frac{h}{z} - \frac{1}{N}\right)\left(\frac{1}{(N+1)^2}\right) = 0 \tag{2.60}$$

解得最优团队规模为：

$$N_z = \frac{z}{h}\left(1 + \sqrt{1 + \frac{h}{z}}\right) \tag{2.61}$$

每个工人产出的波动可以由下式表示：

$$\text{Var}\left(\frac{q_z}{N}\right) = \left(\frac{h}{z} - \frac{1}{N}\right)^2 \text{Var}(\varepsilon_{(1)}) \tag{2.62}$$

将式(2.61)中的最优团队规模 N_z 代入式(2.62)，得出：

$$\text{Var}\left(\frac{q_z}{N}\right) = \left(1 + \frac{h}{z}\right)\frac{1}{N(N+1)^2(N+2)} \tag{2.63}$$

当考虑最优团队规模，产品内复杂度与产出变动的关系可以用下式表示：

$$\frac{\text{d}}{\text{d}z}\text{Var}\left(\frac{q_z}{N}\right) = \frac{\partial}{\partial z}\text{Var}\left(\frac{q_z}{N}\right) + \frac{\partial}{\partial N}\text{Var}\left(\frac{q_z}{N}\right)\frac{\text{d}N}{\text{d}z} \tag{2.64}$$

可以得出：$(\text{d}/\text{d}z)\text{Var}(q_z/N) < 0$。于是，我们得出第四个命题：

命题4：当使用产品内复杂度作为产品质量的代理变量，考虑最优分工时，产品质量越高，人力资本的投入越多，产出波动性越小，即产品质量的提升通过人力资本因素降低了产出波动。

第四节　　出口质量对产出波动的影响机制
—— 基于市场效应的视角

本节研究的重点在于从需求侧和供给侧两方面揭示出口质量提升通过市场效应影响产出波动的机制，因此从理论上阐明以下问题尤为关键：第一，出口质量如何影响了需求进而影响了产出波动；第二，出口质量如何影响了供给进而影响了产出波动。

一、基于供给侧多样化效应的分析

Melitz(2003)假定企业出口到任何市场的成本相同,企业选择不出口或者对所有市场出口。然而现实情况是,企业的出口市场数目可能存在显著差异。沉没成本的存在是企业出口需要克服的最大障碍之一。企业进入一个新的出口市场需要获取海外需求信息和建立分销渠道等,这些环节所需要的成本必须一次性支付,且一旦投入无法还原,这些成本就是沉没成本,当未来的出口利润足以支付沉没成本时,企业才会选择进入该出口市场。已有文献表明企业进入出口市场需要满足两个条件:零利润单位成本门槛和零利润生产率门槛。Eaton 等(2008)基于 Melitz(2003)的理论框架构建了模型分析企业的出口市场选择。零利润单位成本门槛值越高,企业越容易进入该出口市场。该值与出口市场的总需求水平和价格水平正相关,与出口成本负相关。与零利润单位成本门槛条件相反,零利润生产率门槛值越小,企业越容易进入该出口市场。Chaney(2008)认为低生产率企业很难赚取足够的利润来弥补进入出口市场所需的成本,企业出口市场的选择会因为其自身生产率、市场总需求以及价格制定等的不同而不同。Lawless 和 Whelan(2014)考察了企业异质性特征对企业进入出口市场的影响,结果表明企业规模越大,生产率越高,越有利于企业开拓新的出口市场。

Baldwin 和 Harrigan(2011)基于 Melitz(2003)的理论模型,进一步引入产品质量因素,研究发现更具竞争力的企业一般是能够生产高质量产品的企业,并且生产高质量产品的企业要承担更高的成本,而生产率高的企业才有能力承担高成本。樊海潮和郭光远(2015)分析了企业产品出口价格、出口质量与生产率之间的关系,也发现产品出口质量与生产率正相关。那么,这些更具竞争力的生产率高的企业能够生产高质量的产品,并且有能力开拓新的出口市场。Manova 和 Zhang(2012)、施炳展(2013)使用企业层面数据也发现这样一个事实,具有更高产品质量的企业的出口目的国更加多样化。

出口企业将产品出口到更多样化的目的地市场是分散风险降低波动的重要举措。鸡蛋不放在同一个篮子里,这是规避风险的基本常识。这种多样化策略分散风险的思想最初来自资产组合理论,该思想在金融领域有着广泛的应用,但是在国际贸易领域的应用却非常有限。强永昌和龚向明(2011)使用中国宏观数据研究了出口多样化与出口波动之间的关系,从经济发展的阶段和贸易政策两个方面入手分析出口多样化与出口波动的作用机制,认为我国的经济发展阶段决定了未来仍将通过多元化减小出口波动的幅度。Juvenal 和 Monteiro(2013)采用阿根廷企业数据表明,出口企业多样化水平越高出口波动越小,企业每增加对一个国家的出口能够降低约 2% 的销售波动。Vannoorenberghe 等(2016)基于中国企业 2000—2006 年的微观数据发现规模较大的企业出口到更加多样化的国家能够分散风险降低出口波动,而对于规模较小的企业结论则相反。该研究认为企业的出口波动不仅取决于其出口目的地的多元化还取决于其是否永久地出口到所有市场,而规模较小的企业更有可能偶尔向一些市场出口从而使出口波动更大。因此,理论上如果企业只出口到单一市场,面临冲击时调整出口策略的空间较小,但是,如果企业选择出口到多个市场,面临冲击可以更加灵活的配置在不同市场的出口比例,进而能够降低风险减小产出波动。

综上，出口质量影响产出波动的供给侧多样化效应指产品质量高的企业出口市场更加多样化，而出口市场的多样化能够分散风险进而起到抑制产出波动的作用。由此，我们提出第五个命题：

命题5：出口质量提升通过供给侧多样化效应抑制了产出波动。

二、基于需求侧收入效应的分析

越来越多的证据表明，各国生产或者出口的产品质量存在巨大的差异。虽然传统的国际贸易理论忽视了各国产品质量差异的存在，但是大量的理论文献预测质量会系统地影响国际贸易的方向。Linder(1961)首先提出相似需求理论，该理论认为高收入国家偏向于进口高质量的产品，低收入国家则偏向于进口低质量的产品，质量是贸易方向的决定性因素。他还认为，比较优势的来源与需求紧密联系，由于在生产高质量商品上具有比较优势，所以能够为富裕国家提供他们所需要的商品。然后他推测，生产和消费模式的一致性导致人均收入水平相近的国家之间的贸易更加频繁。林德尔假说是最早解释质量差异影响贸易方向的理论。已有的理论文献进一步发展了一般均衡模型，将质量作为贸易模式的决定性因素，证明了富裕国家比贫穷国家更倾向消费高质量的商品(Flam 和 Helpman，1987；Stokey，1991)。Hallak(2006)建立了一个可测试的理论框架预测质量对双边贸易流动的影响，提出了著名的林德尔部门假说(The Sectorial Linder Hypothesis)，即林德尔理论在部门层面更为有效，进一步利用1995年60个国家双边贸易流的横截面对模型进行估计，实证结果支持了理论预测，即富裕国家倾向进口更多高质量商品。Hallak 和 Schott(2011)、Feenstra 和 Romalis(2014)、余森杰和张睿(2017)等研究均发现进口国的收入水平与进口产品质量正相关。微观家庭消费数据也显示家庭收入与对高质量商品的需求强烈正相关(Bils 和 Klenow，2001)。

Kraay 和 Ventura(2007)表明富裕国家的人均收入波动比贫穷国家更小。对这个结论有三种解释：第一，富裕国家专门从事需要由熟练工人操作的新技术行业，而贫穷国家专门从事需要由非熟练工人操作的传统技术行业。由于技术以及专利等原因，新技术很难快速被模仿。这种困难使高技术行业在世界市场上拥有垄断地位，产品需求缺乏弹性，供应的波动导致了价格的相反变化，从而稳定了行业收入。而传统技术更容易被模仿，面临着来自潜在竞争者的激烈竞争，在世界市场上几乎没有垄断权，产品需求富有弹性，供应的波动对其价格几乎没有影响，导致行业收入更加不稳定。第二，富裕国家熟练工人的供应缺乏弹性，而贫穷国家非熟练工人的供应富有弹性。熟练工人不太可能离开就业岗位，冲击对熟练工人的就业影响较小，但是同样的冲击会导致非熟练工人的就业大幅波动，从而使得行业收入更加不稳定。第三，贫穷国家政治和政策更加不稳定，经济不太开放，远离地理中心，在农业生产和矿物开采方面的经济份额也更高，这些因素导致贫穷国家的收入波动很大。因此，高收入国家使用熟练工人，在高技术行业有比较优势，劳动力供应和产品需求都缺乏弹性，对冲击更不敏感，经济发展更加稳定。

综上，出口质量影响产出波动的需求侧收入效应指高质量产品一般被高收入国家的高收入群体消费，而这部分消费群体的收入比较稳定，对高质量产品的需求也比较稳定，进

而稳定了高质量产品的产出。由此,我们提出第六个命题:

命题6:出口质量提升通过需求侧收入效应抑制了产出波动。

图1展示了出口质量提升影响产出波动的市场效应的概念模型。其基本原理为:企业的出口产品质量影响了企业产品的供给(产品质量高的企业出口市场更加多样化)和需求(高质量产品一般被高收入国家的高收入群体消费),多样化的供给和高收入群体的需求进一步影响了产出波动,因此供给侧多样化效应和需求侧收入效应是出口质量提升影响产出波动的重要渠道。

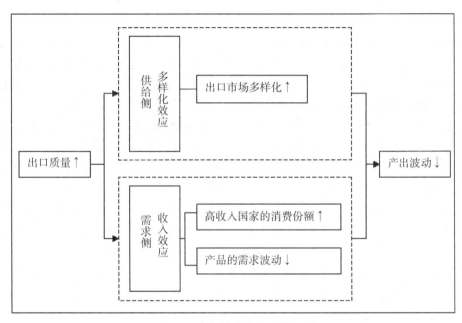

图 2-1　市场效应的概念模型图

第五节　本 章 小 结

本章发现,出口质量提升主要通过三种效应影响企业产出波动,即出口强度效应、技术效应和市场效应,提出了六个命题。基于出口质量内生化的异质性企业贸易模型中对出口质量的基本设定,借鉴 G. Vannoorenberghe(2012)波动与出口的理论框架、Blanchard和 Kremer(1997)的不完美契约模型、Costinot(2009)的劳动分工模型以及能力理论的思想,建立数理模型分析了出口强度效应和技术效应,并基于"新新国际贸易理论"与产出波动的相关理论建立概念模型分析了市场效应。

首先,借鉴质量扩展型异质性企业模型中对消费者效用和出口质量的基本设定(Hallak 和 Sivadasan,2013;Fasil 和 Borota,2013;Manova 和 Yu,2017),在本章理论机制的分析中,引进出口质量异质性。在垄断竞争框架下,消费者效用函数采用质量扩充的

CES 效用函数，消费者效用由产品数量和质量共同决定。根据消费者效用函数，进而得出需求函数和价格函数。

然后，基于 G. Vannoorenberghe（2012）波动与出口的理论分析框架，建立均衡模型，刻画出口强度效应的理论机制。不同于以往文献中的标准假设（边际成本不变，国内与国外市场相互独立），本书的理论推导基于成本函数是凸函数，企业的销售可以在国内外两个市场之间进行调整。理论模型表明对于有内外销售市场并且连续出口的企业，出口质量的提升通过出口强度的增加抑制了出口波动，加剧了国内波动，国内外销售的负相关关系是该结论背后的原因。对于总产出波动，当出口强度小于门槛值，出口质量的提升降低了总产出波动，大于门槛值则结果相反。

其次，本章借鉴 Blanchard 和 Kremer（1997）的不完美契约模型和 Costinot（2009）的劳动分工模型以及能力理论的思想，说明技术效应的理论机制，技术效应主要包括中间品投入多样化效应和人力资本效应。能力理论假设在生产产品时需要大量投入品，这些投入品包括有形的投入品和无形的投入品（例如技能、管理等），后一种投入品称之为能力。产品的质量越高，生产时需要越多的中间投入。当中间投入较多时，总产出由大量不相关冲击的组合决定，风险分散，因此波动较小。经过数理模型推导得出结论，当使用产品内复杂度作为产品质量的代理变量，产品质量的提升通过中间投入的多样化和人力资本因素降低了产出波动。

最后，基于"新新国际贸易理论"的相关研究，建立概念模型分析市场效应。市场效应包括供给侧多样化效应和需求侧收入效应。供给侧多样化效应指产品质量高的企业出口市场更加多样化，而出口市场的多样化能够起到抑制产出波动的作用。需求侧收入效应指高质量产品一般被高收入国家的高收入群体消费，而这部分消费群体的收入比较稳定，对高质量产品的需求也比较稳定，进而稳定了高质量产品的产出。企业的出口产品质量影响了企业产品的供给（产品质量高的企业出口市场更加多样化）和需求（高质量产品一般被高收入国家的高收入群体消费），多样化的供给和高收入群体的需求进一步影响了产出波动，因此供给侧多样化效应和需求侧收入效应是出口质量提升影响产出波动的重要渠道。本书将在第四章和第五章从微观企业层面分别对出口强度效应、技术效应和市场效应进行实证检验。

第三章　制造业企业出口质量与产出波动的测算及特征事实

要研究出口质量对产出波动的影响，首先需要测度出口质量和产出波动，并分析我国制造业企业出口质量和产出波动的静态和动态特征事实。本部分利用 2000—2013 年海关贸易数据库和工业企业数据库，采用 Khandelwal 等（2013）的 KSW 方法测算了企业—产品—目的地—年份四维的出口质量，并借鉴 Melitz 和 Polanec（2015）提出的动态 OP 分解方法进一步将出口质量进行二元动态分解。然后，以五年为一窗口，采用标准差法测算了企业产出波动，并把产出波动分解为出口波动（产出的国外市场销售波动）和国内波动（产出的国内市场销售波动）。在测算的基础上，描述出口质量和产出波动的总体特征事实，并且从行业维度、地区维度、企业异质性维度进行特征事实的比较分析。

第一节　制造业企业出口质量的测算及分解

本节采用 KSW 方法测算了 2000—2013 年中国制造业企业出口质量，在测算过程中为提高结果的可靠性，仔细处理了原始数据和内生性问题。在测算的基础上，对出口质量的特征事实进行总体分析、分类比较分析、静态和动态分析。

一、出口质量的测算

目前在测算微观产品—企业出口质量方法中，Khandelwal 等（2013）提出的 KSW 方法使用最广泛。因此本节也采用 KSW 方法，同时借鉴施炳展（2014）处理内生性和原始数据的方法测算了 2000—2013 年中国制造业企业出口质量。消费者效用函数如下：

$$U = \Big[\sum_{i=1}^{N_{gt}} (\lambda_{ijt}^g)^{\frac{1}{\sigma_g}} (q_{ijt}^g)^{\frac{\sigma_g-1}{\sigma_g}} \Big]^{\frac{\sigma_g}{\sigma_g-1}} \tag{3.1}$$

其中，λ_{ijt}^g 为企业 i 在 t 年对 j 国出口产品 g 的质量，q_{ijt}^g 为产品 g 的数量，σ_g 为产品种类间的替代弹性，对应的需求函数如下：

$$q_{ijt}^g = \lambda_{ijt}^g (p_{ijt}^g/P_{jt}^g)^{-\sigma_g} (E_{jt}^g/P_{jt}^g) \tag{3.2}$$

P_{jt}^g 是进口国的价格指数，E_{jt}^g 是 j 国消费者 t 年对 g 商品的总支出。由于出口质量的测算在产品层面上进行，因此删掉角标 g，整理式（3.2）可得：

$$\ln q_{ijt} = \chi_{jt} - \sigma \ln p_{ijt} + \varepsilon_{ijt} \tag{3.3}$$

$\chi_{jt} = \ln E_{jt} - \ln P_{jt}$ 为进口国 - 时间虚拟变量，$\ln p_{ijt}$ 表示企业 i 在 t 年对 j 国出口产品的价格。为构造企业—年份—目的地—产品四维单位价格，首先采用行业的产出价格平减指数对交易金额进行平减，然后将企业 i 在 t 年对 j 国出口产品的金额加总得到总金额①，将总金额除以总数量得到四维单位价格②。

回归的残差项 $\varepsilon_{ijt} = (\sigma - 1)\ln\lambda_{ijt}$ 来衡量企业 i 在 t 年对 j 国出口的产品质量。首先假设 $\sigma = 5$ 和 $\sigma = 10$。但是现实中不同行业间的 σ 不同，为了使结果更加精确，又利用 Broda 和 Weinstein（2006）替代弹性的数据计算在每个 HS2 上的 σ。根据回归结果通过式（3.4）定义质量：

$$quality_{ijt} = \ln\widehat{\lambda}_{ijt} = \frac{\widehat{\varepsilon}_{ijt}}{(\sigma - 1)} = \frac{\ln q_{ijt} - \ln\widehat{q}_{ijt}}{(\sigma - 1)} \tag{3.4}$$

对式（3.4）的质量指标进行标准化处理：

$$squality_{ijt} = \frac{quality_{ijt} - \min quality_{ijt}}{\max quality_{ijt} - \min quality_{ijt}} \tag{3.5}$$

标准化后的产品质量位于 $[0，1]$ 之间，没有测度单位，因此可以进行加总分析。我们利用出口产品质量的信息计算中国制造业企业的出口质量，见式（3.6）。

$$quality = squality_{ijt} \times \frac{X_{ijt}}{\sum\limits_{ijt \in \Omega} X_{ijt}} \tag{3.6}$$

其中，$quality$ 是企业加权出口质量，Ω 是企业层面的样本集合，X_{ijt} 是某一类产品 g 在 t 年对 j 国的出口价值量。

为了保证回归结果的可信度，对原始数据进行了处理（李小平和代智慧，2018）：剔除信息损失样本；剔除贸易价值量小于 50 美元，数量小于 1 的样本；保留制造业样本；剔除制造业中的初级品、资源品样本；剔除同质产品样本；剔除样本量小于 100 样本；剔除贸易中介公司样本，由于贸易中介公司不是生产性企业，而本书想研究的是企业产出波动，因此需要删除这些样本。相比之前相关文献的处理，本书做了更加严格的处理，将企业名称中含有"商贸""贸易""工贸""经贸""外经""科贸""进出口""货运代理""物流"的企业全部删除。通过数据整理，我们最终获得 2000—2013 年 314,427 家企业对 210 个国家和地区出口 2256 种产品的年份 — 企业 — 目的地 — 产品种类四维数据，总样本量为 29,897,584。

二、出口质量的二元边际动态分解

由于出口产品质量的动态演进中存在产品的进退，因此进一步借鉴 Melitz 和 Polanec（2015）提出的动态 OP 分解方法，将中国制造业总体出口质量分解为集约边际（持续出口产品效应）和扩展边际（进入／退出产品效应）③。总体加权出口质量为：

---

① 出口金额用以 2000 年为基期的每年生产者出厂价格指数平减。

② 由于海关数据库中 2000—2013 年的目的地并不统一，为进行整个 2014 年的回归，测算出 2014 年的出口质量，将整个 2014 年中都出现的 210 个目的地挑选出来进行测算，不能够统一目的地的样本删除。

③ 余淼杰和张睿（2017）将 2000—2006 年一般贸易企业出口质量进行二元分解，本书在此基础上加入了加工贸易企业的样本，并将年份拓展到 2013 年。刘灿雷、王永进和李宏兵（2018）研究出口质量分化，从企业的持续存在和进退方面分解出口质量。

$$Q_t = \sum_i s_{it} q_{it} \tag{3.7}$$

其中，S 代表市场份额，i 代表每个企业出口到每个目的地的每个产品种类，$t = 1$ 表示初期，$t = 2$ 表示期末。将所有产品种类划分为三个组别：持续存在产品（s）、新进产品（e）和退出产品（x）。可以将两期间总体出口产品质量的变化分解为：

$$\Delta Q = \underbrace{\sum_{i \in s} (s_{i2} q_{i2} - s_{i1} q_{i1})}_{\text{持续产品的贡献}} + \underbrace{\sum_{i \in e} s_{i2} q_{i2}}_{\text{进入产品的贡献}} - \underbrace{\sum_{i \in x} s_{i1} q_{i1}}_{\text{退出产品的贡献}} \tag{3.8}$$

式（3.8）表示，总体出口质量的演变分解为三个部分：第一部分是持续产品的贡献，用两期之间出口质量的差值表示；第二部分是新进产品的贡献，当新进产品的质量大于当期持续存在产品的质量时，新进产品的贡献才能为正；第三部分是退出产品的贡献，当退出产品的质量小于当期持续存在产品的质量时，退出产品的贡献才为正。

三、分行业出口质量的特征事实

首先，按照 CIC2 位码细分行业，对 26 个制造业行业的出口质量进行静态比较分析。表 3-1 为样本企业的行业分布和各行业的出口质量。行业的出口质量是该行业所有企业出口质量的平均值。我们可以发现中国制造业企业的行业分布特点及各行业出口质量的特征：首先，纺织服装鞋帽制造业占比最大，说明中国大量企业生产或者出口劳动密集型初级产品。电气机械及器材制造行业占比也较大，近年来我国资本技术密集型企业逐渐增多；其次，初级产品的出口质量较低，比如农副食品加工业、食品制造业和饮料制造业等。资本和技术密集型行业的出口质量较高，比如化学纤维制造业、有色金属冶炼及压延加工业、专用设备制造业、交通运输设备制造业和通信设备计算机及其他电子设备制造业等。特别的是，纺织业和服装业出口质量较高，说明我国服装制造业在国际贸易中具有比较优势。

表 3-1　CIC2 位码行业出口质量静态比较

行　　业	企业数	百分比	累计百分比	出口质量
农副食品加工（13）	15,898	0.16	0.16	0.452
食品制造（14）	9,182	0.09	0.26	0.504
饮料制造（15）	1,707	0.02	0.27	0.458
纺织（17）	929,010	9.45	9.72	0.643
纺织服装鞋帽制造（18）	1,457,355	14.82	24.54	0.645
皮革毛皮羽毛（绒）及其制品（19）	453,320	4.61	29.15	0.640
木材加工及木竹藤棕草制品（20）	56,640	0.58	29.72	0.558
家具制造（21）	345,804	3.52	33.24	0.571
造纸及纸制品（22）	40,304	0.41	33.65	0.546

续表

行　　业	企业数	百分比	累计百分比	出口质量
印刷业和记录媒介的复制(23)	55,249	0.56	34.21	0.504
文教体育用品制造(24)	659,188	6.7	40.91	0.512
化学原料及化学制品制造(26)	179,382	1.82	42.74	0.543
医药制造(27)	81,889	0.83	43.57	0.536
化学纤维制造(28)	10,373	0.11	43.68	0.606
橡胶制品(29)	136,342	1.39	45.06	0.527
塑料制品(30)	468,755	4.77	49.83	0.529
非金属矿物制品(31)	208,167	2.12	51.95	0.530
黑色金属冶炼及压延加工(32)	28,128	0.29	52.23	0.545
有色金属冶炼及压延加工(33)	103,125	1.05	53.28	0.558
金属制品(34)	677,893	6.89	60.17	0.551
通用设备制造(35)	730,708	7.43	67.6	0.522
专用设备制造(36)	460,225	4.68	72.28	0.594
交通运输设备制造(37)	481,465	4.9	77.18	0.596
电气机械及器材制造(39)	1,090,104	11.08	88.26	0.532
通信设备计算机及其他电子设备制造(40)	844,505	8.59	96.85	0.574
仪器仪表及文化办公用机械制造(41)	309,744	3.15	100	0.553

　　然后，对 26 个制造业行业的出口质量进行动态比较分析。计算了 2000—2013 年各行业平均出口质量的环比增长率，同时计算了 2000—2007 年(金融危机之前)、2008—2013年(金融危机之后) 和 2000—2013 年总体的出口质量增长率。表 3-2 显示，2000—2007年、2008—2013 年和 2000—2013 年三个阶段，大部分行业的出口质量均有上升，但上升幅度较小。2000—2007 年，出口质量提升幅度较大的行业包括农副食品加工(13.3%)、通信设备计算机及其他电子设备制造(5.8%)、食品制造(5.6%)、专用设备制造(5.1%)、家具制造(5.0%)。出口质量下降幅度较大的行业则包括医药制造(－6.6%)、仪器仪表及文化办公用机械制造(－4.9%) 和纺织(－4.6%)。2008—2013 年，出口质量提升幅度较大的行业包括通用设备制造(18%)、电气机械及器材制造(13.2%)、饮料制造(10.7%)、交通运输设备制造(9.1%)。出口质量下降幅度较大的行业则包括化学纤维制造(－9.8%)、黑色金属冶炼及压延加工(－5%) 和有色金属冶炼及压延加工(－3.8%)。2000—2013 年，出口质量提升幅度较大的行业包括通用设备制造(24.1%)、农副食品加工(20.1%)、电气机械及器材制造(16.4%)、印刷业和记录媒介的复制(13.9%)、食品制造(13.3%)。出口质量下降幅度较大的行业则包括家具制造(－6.7%) 和有色金属冶炼及压延加工(－3.9%)。总的来说，金融危机之后高技术行业的出口质量增速较快，整个2014 年间高技术行业和低技术行业中的食品业出口质量有较大提升。

表 3-2　CIC2 位码行业出口质量动态比较

CIC2 位码行业	00-01	02-03	04-05	06-07	08-09	10-11	12-13	00-07	08-13	00-13
农副食品加工（13）	0.064	0.030	-0.029	0.020	-0.066	-0.037	0.098	0.133	-0.034	0.201
食品制造（14）	0.051	0.041	-0.021	0.034	-0.148	0.102	0.027	0.056	0.049	0.133
饮料制造（15）	0.374	0.064	0.023	-0.109	-0.056	-0.039	-0.179	0.023	0.107	0.127
纺织（17）	0.028	-0.002	-0.022	-0.018	-0.017	0.013	-0.013	-0.046	0.018	-0.014
纺织服装鞋帽制造（18）	0.019	0.005	-0.021	-0.010	-0.009	-0.002	0.010	-0.010	0.049	0.040
皮革毛皮羽毛（绒）及其制品（19）	0.023	-0.005	-0.005	-0.002	0.020	0.016	-0.002	-0.022	0.062	-0.011
木材加工及木竹藤棕草制品（20）	-0.042	-0.005	-0.004	-0.018	-0.007	0.043	0.007	-0.016	0.008	-0.044
家具制造（21）	0.009	-0.004	0.004	0.035	-0.004	-0.004	0.006	0.050	0.007	-0.067
造纸及纸制品（22）	0.002	0.052	-0.005	0.012	0.005	0.015	0.027	-0.010	0.037	0.005
印刷业和记录媒介的复制（23）	0.023	0.013	-0.004	-0.029	0.021	0.026	0.001	0.037	0.073	0.139
文教体育用品制造（24）	0.016	0.014	-0.005	-0.041	-0.011	-0.004	0.056	-0.035	0.095	-0.018
化学原料及化学制品制造（26）	0.025	0.008	0.004	-0.004	-0.017	0.006	0.012	-0.006	0.012	0.060
医药制造（27）	-0.018	-0.004	-0.023	-0.034	-0.018	-0.004	0.028	-0.066	0.015	-0.003

续表

CIC2位码行业	00-01	02-03	04-05	06-07	08-09	10-11	12-13	00-07	08-13	00-13
化学纤维制造(28)	0.095	-0.026	0.002	-0.039	-0.072	-0.024	-0.036	-0.015	-0.098	0.006
橡胶制品(29)	-0.004	-0.008	0.009	-0.007	0.010	0.000	0.010	0.040	0.064	0.057
塑料制品(30)	0.007	0.005	0.000	0.007	-0.001	0.007	-0.006	0.014	0.027	0.016
非金属矿物制品(31)	-0.011	0.024	-0.002	-0.013	-0.050	0.030	-0.019	0.014	-0.027	-0.032
黑色金属冶炼及压延加工(32)	0.003	0.038	0.065	-0.003	-0.072	0.020	0.027	0.140	-0.050	0.049
有色金属冶炼及压延加工(33)	0.002	-0.005	0.057	0.022	-0.025	-0.018	-0.057	0.034	-0.039	-0.037
金属制品(34)	0.012	0.000	-0.016	0.006	-0.015	-0.005	-0.025	0.005	-0.022	-0.034
通用设备制造(35)	-0.005	0.017	0.006	-0.008	-0.016	0.009	0.153	0.016	0.180	0.241
专用设备制造(36)	0.014	0.020	0.000	0.013	-0.016	-0.014	-0.025	0.051	-0.028	0.033
交通运输设备制造(37)	0.025	0.022	-0.014	0.020	-0.007	0.006	0.067	0.029	0.091	0.120
电气机械及器材制造(39)	-0.016	0.010	-0.001	0.018	-0.020	0.006	0.117	0.006	0.132	0.164
通信设备计算机及其他电子设备制造(40)	0.042	0.002	0.000	0.026	0.001	0.000	-0.045	0.058	-0.023	0.101
仪器仪表及文化办公用机械制造(41)	0.030	-0.043	0.002	-0.003	-0.013	0.005	-0.032	-0.049	0.014	-0.007

图3-1呈现了制造业26个行业出口质量趋势图，我们发现：2000—2013年大部分行业出口质量没有明显上升，呈现震荡趋势，出口质量升级动力不足。金融危机期间震荡较明显，饮料制造业、食品制造业、化学纤维制造业波动较剧烈；通用设备制造业、交通运输设备制造业和电气机械及器材制造业出口质量呈现缓慢上升趋势，说明技术密集型行业出口质量有所上升。

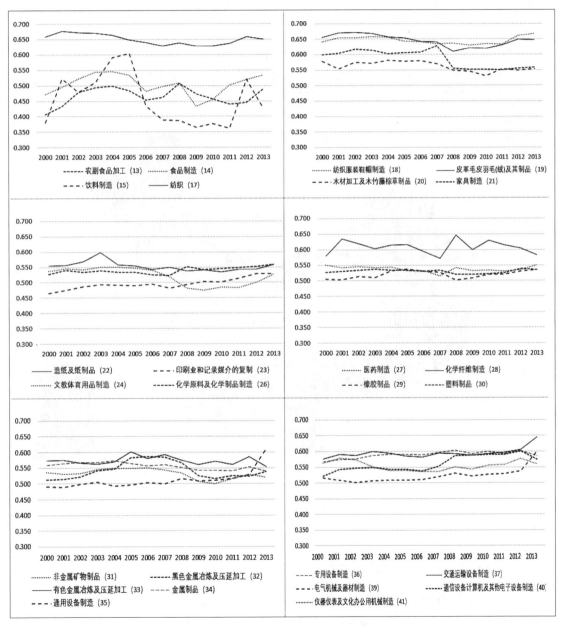

图3-1　2000—2013年制造业行业的出口质量变化趋势图

四、分地区出口质量的特征事实

图 3-2 清晰地反映了各个地区企业平均出口质量的表现，颜色越深的地区出口质量越高，颜色越浅的地区出口质量越低。东部地区的北京市、天津市、辽宁省、山东省和江苏省出口质量较高，但是东部地区的浙江省、福建省、广东省和海南省出口质量较低，说明珠三角地区虽然是国际贸易发达地区，但是主要是出口量的增长，亟待出口质量升级，进行国际贸易供给侧结构性改革。中西部地区的河南省、湖南省、湖北省、安徽省、青海省和广西壮族自治区出口质量较低，中西部地区应该抓住"一带一路"倡议的发展机遇，发挥各省份自身的国际贸易比较优势。但是西藏自治区显示出口质量较高，可能的原因是各省出口质量指数仅仅是各个地区企业的平均出口质量，而非该地区的整体情况，而西藏地区的样本企业数非常少，不能代表整个省份的出口质量。

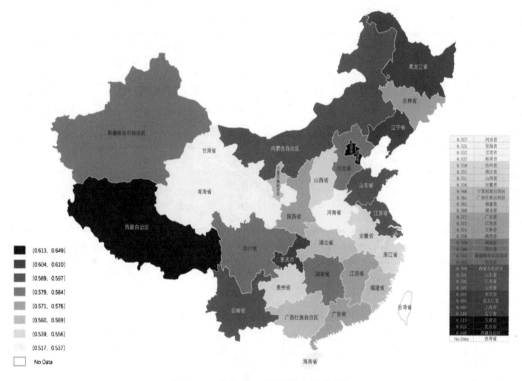

图 3-2　省份出口质量静态比较图

五、分企业异质性出口质量的特征事实

根据企业不同的异质性特征进行动态比较分析，将企业按贸易方式分为一般贸易和加工贸易企业，按所有制的不同分为国家企业和非国有企业，按要素密集度的不同分为劳动密集型企业、资本密集型企业和技术密集型企业。图 3-3 为 2000—2013 年中国制造业企业

出口质量变化趋势，具有如下特点：（1）整体出口质量 2000—2002 年缓慢上升，2002—2006 年在我国加入 WTO 之后金融危机之前的这段时间较快增长，2006—2011 年金融危机期间快速下降后逐步上升，2011 年之后快速增长，2013 年又有所下降；（2）由于我国制造业企业中加工贸易企业占比很大，因此进一步区分贸易方式考察，总体上加工贸易企业的出口质量大于一般贸易企业，且一般贸易企业在金融危机期间震荡更大，可能是由于一般贸易企业的国外市场销售渠道不稳固，受到的冲击更大；①（3）不同所有制企业出口质量变化趋势也会不同，总体上非国有企业出口质量大于国有企业，原因是非国有企业中包含外资企业，外资企业的出口质量较高。非国有企业出口质量的变化趋势与总体质量的变动非常接近，国有企业的出口质量在 2011 年之前一直处在震荡中并没有上升趋势；（4）对于不同要素密集度的企业，②总体上技术密集型企业的出口质量大于资本密集型企

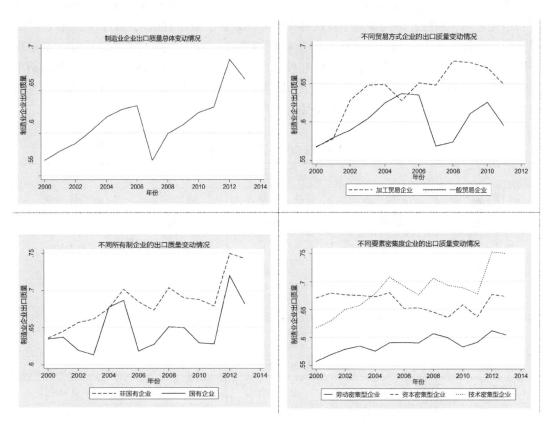

图 3-3　2000—2013 年总体制造业企业和不同异质性企业的出口质量变化趋势图

①　由于 2012—2013 年海关数据库中没有贸易方式信息，所以不同贸易方式企业出口质量的变化只到 2011 年。

②　借鉴张其仔和李蕾(2017)采用模糊 C 均值聚类法对制造业进行劳动 — 资本 — 技术三类要素密集型行业划分。

业，资本密集型企业的出口质量又大于劳动密集度企业，2004 年之后技术密集型企业的出口质量才超过资本密集型企业。技术密集型企业的出口质量呈现小幅震荡上升趋势，资本密集型企业的出口质量没有上升也没有下降，劳动密集型企业的出口质量呈现小幅上升趋势。整体出口质量的测算结果与 Feenstra 和 Romalis（2014）所测算的较为一致。

六、出口质量二元边际的特征事实

根据上文中的 OP 动态分解方法，首先将总体出口质量逐年分解，表 3-3 是分解结果。总体出口产品质量在 2000—2004 年逐年上升，升幅分别为 0.98%、0.4%、1.57% 和 0.71%，2002—2003 年升幅最大。这 4 年间质量升级的主要来源有所不同，持续存在产品对出口质量提升的贡献均为正，但是在我国加入 WTO 之前新进产品质量的贡献一直为负，加入 WTO 之后退出产品质量的贡献为负。这说明出口市场存在一定的错配现象，贸易自由化之前，新进产品质量低于持续存在产品的质量，贸易自由化之后，虽然新进产品质量的贡献转变为正，但是退出产品的质量反而更高。2005—2011 年出口质量基本呈现下降的趋势，持续存在产品质量的下降和较高质量产品的退出是总体出口质量下降的两个主要原因，说明制造业企业在 2005 年之后出口质量升级的动力不足。2011—2012 年总体出口质量出现较高增长，主要原因是持续存在产品质量的提升和高质量产品的进入。

表 3-3　出口产品质量逐年分解

逐 年 分 解			
样 本 期	持续产品	进入产品	退出产品	总体质量
2000—2001	0.0101	− 0.0025	0.0021	0.0098
2001—2002	0.0018	− 0.0012	0.0034	0.0040
2002—2003	0.0161	− 0.0043	0.0039	0.0157
2003—2004	0.0064	0.0084	− 0.0077	0.0071
2004—2005	− 0.0009	− 0.0038	0.0032	− 0.0015
2005—2006	− 0.0014	0.0068	− 0.0078	− 0.0025
2006—2007	− 0.0096	0.0039	− 0.0291	− 0.0348
2007—2008	− 0.0105	0.0005	0.0008	− 0.0092
2008—2009	− 0.0024	0.0024	0.0001	0.0002
2009—2010	− 0.0010	0.0025	− 0.0039	− 0.0032
2010—2011	− 0.0057	0.0052	− 0.0020	− 0.0025
2011—2012	0.0390	0.0185	− 0.0011	0.0564
2012—2013	− 0.0018	− 0.0036	− 0.0127	− 0.0020

　　本书又将两年作为区间长度，①对总体出口质量进行动态OP分解。表3-4呈现了分解结果，在2000—2013年出口质量呈现出增长 — 下降 — 增长三个阶段：第一阶段，总体出口质量在2000—2004年逐步上升，升幅分别为1.40%和2.29%。这期间质量升级的主要来源有所不同，贸易自由化前（2000—2002年）持续出口产品是质量升级的主要原因（1.3%），进入产品的贡献为负（-0.52%），说明贸易自由化前进入出口市场的产品质量低于持续出口产品质量，出口市场存在一定的错配现象。在贸易自由化后（2002—2004年）持续出口产品、进入产品和退出产品均是出口质量升级的驱动因素（1%、1.07%和0.21%），说明出口市场错配现象得到一定的改善；第二阶段，总体出口质量在2004—2010年逐渐下降，降幅分别为-0.4%、-4.5%和-0.26%，在2006—2008年金融危机期间降幅最大。持续出口产品和退出产品是质量下降的主要原因，说明金融危机发生后持续出口产品的质量下降，且较高质量产品退出市场；第三阶段，总体出口质量在2010—2013年后危机期间逐步上升，升幅为5%，持续出口品种和进入品种是质量上升的主要来源（3.35%和1.76%），退出品种的贡献为负（0.13%），说明后危机时期持续出口产品质量逐步上升且进入市场产品质量较高。

表3-4　出口产品质量的两年分解

两年分解				
样本期	持续产品	进入产品	退出产品	总体质量
2000—2002	0.0130	-0.0052	0.0060	0.0140
2002—2004	0.0100	0.0107	0.0021	0.0229
2004—2006	-0.0034	0.0083	-0.0088	-0.0040
2006—2008	-0.0230	0.0036	-0.0248	-0.0450
2008—2010	-0.0045	0.0020	-0.0001	-0.0026
2010—2013	0.0335	0.0176	-0.0013	0.0500

　　为进一步考察金融危机前后中国出口质量演进的不同及其原因，本书对发生危机的前后两段时期（2000—2007时期和2007—2013时期）进行分解。表3-5部分呈现了分解结果。金融危机之前中国总体出口质量降低了0.18%，其中持续出口品种质量下降0.17%，进入品种对质量升级的贡献为0.6%，但是退出品种的贡献为-0.62%。说明金融危机之前，虽然有较高质量的产品进入市场，但是部分较高质量产品退出市场，抵消了进入产品对质量升级的贡献。金融危机之后中国总体出口质量上升了3.84%，其中持续出口产品贡献2.21%，进入产品贡献1.22%，退出产品贡献0.41%。说明金融危机发生后，企业更加重视产品质量，质量提升的动力加强了，持续出口产品质量得到了提升，同时进入出口市

---

　　①　2010—2013年将三年作为区间长度。

场的产品质量也提升了，这两方面成为总体出口质量提升的主要原因。

表 3-5　金融危机前后出口产品质量的分解

金融危机前后				
样本期	持续产品	进入产品	退出产品	总体质量
2000—2007	− 0.0017	0.0060	− 0.0062	− 0.0018
2007—2013	0.0221	0.0122	0.0041	0.0384

第二节　制造业企业产出波动的测算及分解

本节采用标准差法测算了2000—2013年每5年为一窗口的中国制造业企业产出波动。由于出口企业总产出分为两个部分，一部分产出销售到国内市场，一部分产出销售到国外市场。为了更加细致地探究出口质量与产出波动的影响机制，将总产出波动分解为两个部分，国内波动(产出的国内市场销售波动)和出口波动(产出的国外市场销售波动)。在测算的基础上，对产出波动的特征事实进行总体分析和比较分析。

一、产出波动的测算与分解

微观企业产出波动的测算方法有两种：一种是标准差法，一种是残差法。[①]首先用标准差测算制造业企业的产出波动。企业的产出用产品销售产值衡量，为了稳健起见，还可以采用工业总产值和企业工业增加值来衡量企业产出，用分行业生产者出厂价格指数平减企业产出。用企业产出增长率的方差来衡量企业的产出波动。有关企业产出波动的微观文献都会采用5年或者稍微再长一点的时间段来计算波动，因为在这样的时间跨度内能收集到足够数量的企业样本数据[②]：

$$vol_i = \sum_t \left(g_{it} - \frac{1}{T} \sum_t g_{it} \right)^2 \tag{3.9}$$

其中，g_{it}表示企业销售产值x_{it}的中点增长率，与普通增长率相比，中点增长率具有对称性和有界性的优点(Vannoorenberghe，2016)。其计算方法为：

$$g_{it} = \frac{x_{it} - x_{i,t-1}}{(x_{it} + x_{i,t-1})/2} \tag{3.10}$$

对于同时具有国内外两个市场的企业，其总产出可以分解为两个部分：一部分产出销售到国内市场；一部分产出销售到国外市场。因此，产出波动也可以分解为两个部分；一

---

① 使用残差法测算产出波动会产生数据缺失，丢失一部分的样本，因此本书主要采用标准差法。

② Buch 等(2009)分析了德国企业五年内产出增长率的标准差。Vannoorenberghe(2012)研究了1998—2007年所有企业至少5年的产出增长率。

部分是销售到国内市场的产值的波动，简称为国内波动（vol_h_i）；一部分是销售到国外市场的产值的波动，简称为出口波动（vol_f_i）。

销售到国外市场的产值用企业销售产值中的出口交货值衡量，销售到国内市场的产值用企业销售产值减去出口交货值的差值衡量。与式（3.9）和式（3.10）的计算方法相同，出口波动（vol_f_i）用企业出口交货值增长率的方差来衡量，国内波动（vol_h_i）用企业销售到国内市场的产值增长率的方差来衡量。

然后，为了稳健起见，本书进一步采用残差法测算出口波动（Veirman 和 Levin，2012）。企业产出的不确定增长率用企业实际产出增长率除去可预见因素后的残差项衡量，而产出波动用残差项的标准差估计，计算公式如下：

$$g_{it} = \ln(x_{it}) - \ln(x_{it-1}) = \alpha_0 + \alpha_1 X + \eta_{it} \tag{3.11}$$

其中 g_{it} 为企业实际产出增长率，x_{it} 是企业销售产值，X 为控制变量向量，控制了企业固定效应和时间 — 行业固定效应，η_{it} 为方程的残差项。然后根据残差项计算产出波动（vol'）：

$$vol'_i = StdDev(\eta_{it}) \tag{3.12}$$

残差法测算国内波动（$vol\_h'_i$）和出口波动（$vol\_f'_i$）的方法同式（3.11）和式（3.12）。

2008 全球经济危机之前，1999—2003 年制造业企业产出增长率的标准差是 0.053，出口增长率的标准差是 0.099；2004—2008 年制造业企业产出增长率的标准差是 0.211，出口增长率的标准差是 0.264。危机之后，2009—2013 年制造业企业产出增长率的标准差是 0.382，出口增长率的标准差是 0.744。危机发生后，产出波动加剧了 81.04%，出口波动加剧了 181.82%，出口波动比产出波动更加剧烈（见图 0-1）。

二、分行业产出波动的特征事实

图 3-4 呈现了制造业 26 个行业产出增长率趋势图，行业产出是样本企业产出的加总。我们发现：所有行业都呈现波动逐步加剧的总体规律，低技术行业（食品加工业、食品制造业、饮料制造业、木材加工业等）和高技术行业（通用设备制造和专用设备制造等）产出波动更加剧烈，中技术行业（橡胶制品业，塑料制造业、化学纤维制造业和金属制品业等）产出波动较小。可能的原因是，低技术行业替代弹性较大，受需求波动的影响较大，而高技术行业由于创新而带来的风险加剧了波动。同时，加入 WTO 之后和金融危机之后企业产出都出现明显震荡，说明贸易自由化和危机冲击都加剧了产出波动，我们必须重视外部冲击对企业产出波动的影响，尽可能防范和化解外部冲击带来的风险。

三、分地区产出波动的特征事实

图 3-5 呈现了 1999—2013 年东、中、西部地区每五年总产出增长率、出口增长率和国内销售增长率的标准差的变化。我们发现，东、中、西部地区无论是总产出波动，还是出口波动和国内波动，都表现出逐步加剧的趋势，特别是 2008 年全球经济危机之后波动更加剧烈。对于东部国际贸易繁荣地区，出口波动明显大于总产出波动和国内波动，并且出口波动相比国内波动和总产出波动，受经济危机的影响更大，这个特征事实在中西部地

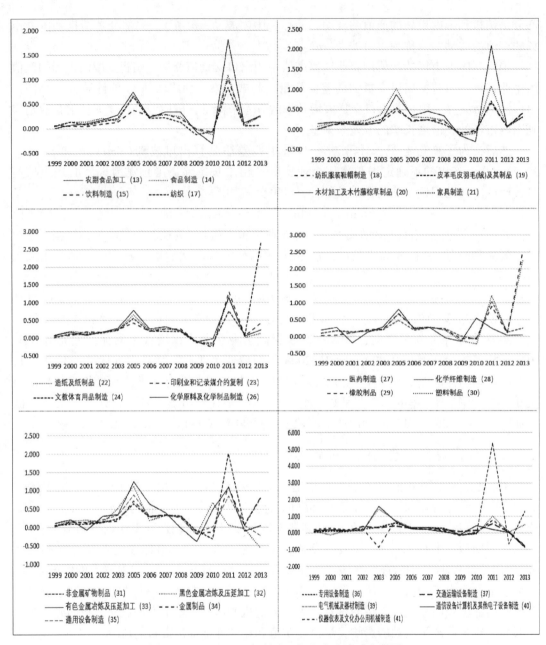

图 3-4 1999—2013 年制造业行业产出波动变化图

区表现不明显,说明贸易开放确实引入了风险,加剧了出口波动。①

———————————

① 省份的产出是该省份所有企业的产出的加总,省份的出口是该省份所有企业出口交货值的加总。

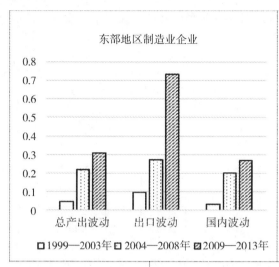

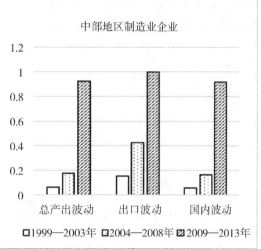

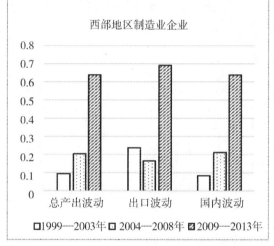

图 3-5　1999—2013 年东、中、西部地区产出波动变化图

四、分企业异质性产出波动的特征事实

图 3-6 呈现了 1999—2013 年不同异质性企业每五年总产出增长率、出口增长率和国内销售增长率的标准差的变化。我们发现，一般贸易企业的产出波动大于加工贸易企业，可能的原因是加工贸易企业销售渠道较稳定，受到的各种冲击较小。对于一般贸易企业，出口波动明显大于国内波动。由于加工贸易企业的产出全部复出口，所以产出波动也是出口波动。对于非国有企业，无论是总产出波动，还是出口波动和国内波动，都表现出逐步加剧的趋势。而对于国有企业，总产出波动和国内波动并没有呈现波动逐步加剧的特征，只有出口波动在 2008 年之后加剧了。说明非国有企业受外部冲击的影响更大，国有企业的发展较为稳定。对于劳动密集型企业出口波动明显大于国内波动和总产出波动，对于资

本技术密集型企业，并没有这种特征事实。这是因为劳动密集型产品技术水平较低，产品替代弹性较大，所以出口波动更为剧烈。

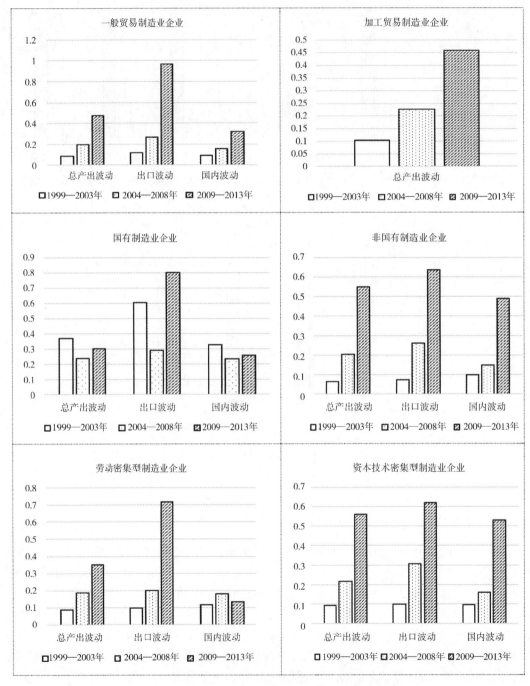

图 3-6　1999—2013 年不同异质性企业产出波动变化图

在分别描述了出口质量与产出波动的特征事实之后，我们初步通过散点图(图 3-7)考察两者的基本关系。由于产出波动可以分解为出口波动和国内波动，首先考察出口质量与两个分解部分的关系。从散点图中发现出口质量与出口波动是负向关系，与国内波动是正向关系，那么可以预测出口质量与产出波动的关系可能不确定，而出口质量与产出波动的散点图确实显示两者关系似乎并不确定。散点图显示的初步关系与前文中的理论机制基本一致，以下两章将继续建立计量模型进一步检验出口质量与产出波动的关系。

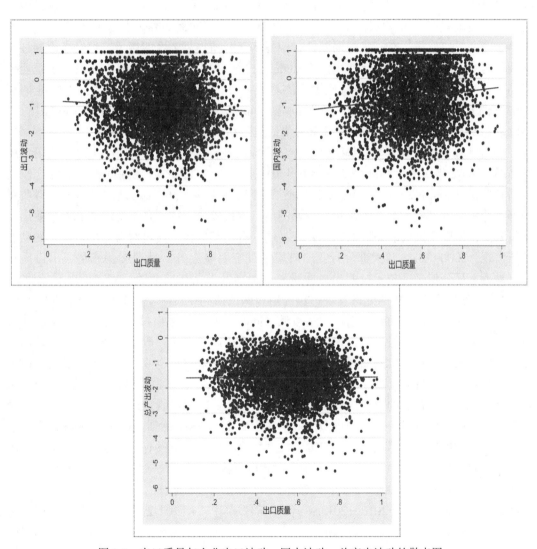

图 3-7　出口质量与企业出口波动、国内波动、总产出波动的散点图

第三节　本章小结

本章利用 2000—2013 年海关贸易数据库和工业企业数据库,① 测算了我国制造业企业出口质量与产出波动,并基于测算结果比较分析了出口质量与产出波动的静态和动态特征事实。

微观产品出口质量的测算方法有四种:一是基于单位价格的衡量;二是基于需求理论模型的 KSW 方法;三是余淼杰和张睿(2017)基于 Feenstra 和 Romalis(2014)供需理论模型的框架提出微观产品-企业层面出口质量测算办法,但是这种方法只能测算有限年份一般贸易企业的出口质量,有一定的局限性;四是基于产品内复杂度的衡量。综合考虑四种方法的优劣势,本章采用被广泛使用的 Khandelwal 等(2013)提出的 KSW 方法测算了企业—产品—目的地—年份四维的出口质量,测算过程中为提高结果的可靠性,借鉴施炳展(2014)的方法处理了原始数据和内生性问题。同时进一步借鉴 Melitz 和 Polanec(2015)提出的动态 OP 分解方法将出口质量分解为集约边际和扩展边际。

在出口质量测算和分解的基础上,考察其特征事实,得出主要结论:(1)整体出口质量 2000—2002 年缓慢上升,2002—2006 年在我国加入 WTO 之后金融危机之前的这段时间增长较快,2006—2011 年金融危机期间快速下降后逐步上升;(2)通过对行业出口质量的静态分析发现,资本和技术密集型行业的出口质量较高,特别是,纺织业和服装业出口质量较高,说明我国服装制造业在国际贸易中具有比较优势;通过对行业出口质量的动态分析发现,2000—2013 年大部分行业出口质量没有明显上升,呈现震荡态势,出口质量升级动力不足。但是高技术行业出口质量有小幅提升,尤其是金融危机之后提升较快;②(3)通过对地区出口质量的分析发现,长三角和珠三角同是国际贸易繁荣地区,长三角地区出口质量较高,珠三角地区出口质量较低,同时中西部地区出口质量较低;③(4)通过对异质性企业的分类分析发现,加工贸易企业的出口质量大于一般贸易企业,一般贸易企业的出口质量在金融危机期间震荡更大,可能是由于一般贸易企业的国外市场销售渠道不稳固,受到的冲击更大。非国有企业出口质量大于国有企业,原因可能是非国有企业中包含外资企业,外资企业的出口质量较高,并且国有企业的出口质量升级动力不足。技术密集型企业的出口质量大于资本密集型,资本密集型又大于劳动密集型,技术密集型和劳动密集型企业的出口质量小幅上升,资本密集型企业的出口质量没有上升也没有下降。整体出口质量的测算结果与 Feenstra 和 Romalis(2014)所测算的较为一致;(5)通过对出口质量二元边际分解发现,2000—2013 年总体出口质量呈现增长(2000—2006 年)—下降(2007—2009 年)—增长(2010—2013 年)三个阶段,第一个阶段增长的主要原因是持续出口产品质量升级,同时贸易自由化前出口市场存在一定的错配现象,贸易自由化后出口市

---

① 在附录 A 中详细说明了海关贸易数据库和工业企业数据库的整理和匹配。
② 附录 C 中表 C-1 和表 C-2 列出了行业出口质量指数。
③ 附录 B 中表 B-1 列出了省份出口质量指数。

场错配现象得到一定的改善。第二个阶段下降的主要原因是持续出口产品质量下降和较高质量产品的退出。第三阶段增长的主要原因是持续出口产品质量升级和较高质量产品的进入。为进一步考察金融危机前后中国出口质量演进的不同及其原因，本章对发生危机的前后两段时期（2000—2007 年和 2007—2013 年）进行分解。金融危机之前，虽然有较高质量的产品进入市场，但是也有部分较高质量产品退出市场，抵消了进入产品对质量升级的贡献。金融危机之后，出口质量提升动力加强，持续出口产品质量的提升和进入出口市场产品质量的提升共同促进了总体出口质量的提升。

然后，本章采用标准差法以五年为一窗口测算了企业产出波动，并把产出波动分解为出口波动和国内波动。分解产出波动的原因有两个：第一，因为对于同时具有国内外两个市场的企业，其总产出可以分解为两个部分：一部分产出销售到国内市场；一部分产出销售到国外市场。因此，产出波动可以分解为国内波动和出口波动。第二，出口质量对出口波动和国内波动的影响不同，通过分别研究其对国内外波动的影响，可以更好地理解和分析出口质量对总产出波动的影响。

在企业产出波动测算和分解的基础上，考察其特征事实，得出主要结论：（1）通过对 1999—2013 年中国制造业企业产出波动总体变化趋势的分析发现，2008 年全球经济危机之后，产出波动加剧了 81.04%，出口波动加剧了 181.82%，出口波动比产出波动更加剧烈；（2）通过对制造业 26 个行业产出波动的分析发现，所有行业的产出波动都呈现逐步加剧的趋势，低技术行业和高技术行业产出波动更加剧烈，中技术行业产出波动较小，可能是由于低技术行业替代弹性较大，受需求波动的影响较大，而高技术行业由于创新而带来的风险加剧了波动。同时，贸易自由化和危机冲击都加剧了产出波动，因此我们必须重视外部冲击所带来的风险；（3）通过对地区产出波动的分析发现，东部地区出口波动明显大于总产出波动和国内波动，并且出口波动相比国内波动和总产出波动，受经济危机的影响更大，这个特征事实在中西部地区表现不明显，说明贸易强度大的地区风险更大；（4）通过对异质性企业产出波动的分类分析发现，一般贸易企业的产出波动大于加工贸易企业，可能是由于加工贸易企业销售渠道较稳定，受到的各种冲击较小。对于一般贸易企业，出口波动明显大于国内波动。对于国有企业，总产出波动和国内波动并没有逐步加剧的趋势，说明非国有企业受外部冲击的影响更大，国有企业的发展较为稳定。相对于资本技术密集型企业，劳动密集型企业的出口波动明显大于国内波动和总产出波动，这是因为劳动密集型产品替代弹性较大，所以出口波动更为剧烈。

在分别测算了出口质量与产出波动并分析了其特征事实之后，本节还通过散点图初步考察了两者之间的基本关系。由于产出波动可以分解为出口波动和国内波动，首先考察出口质量与两个分解部分的关系。从散点图中发现出口质量与出口波动是负向关系，与国内波动是正向关系，那么可以预测出口质量与产出波动的关系可能不确定，而出口质量与产出波动的散点图确实显示两者关系似乎并不确定。散点图显示的初步关系与前文中的理论机制基本一致，以下两章将继续建立计量模型进一步检验出口质量与产出波动的关系。

第四章 出口质量提升对产出波动的影响：
出口强度效应的检验

本部分利用 2000—2013 年中国海关数据库和工业企业数据库，采用 Baron 和 Kenny（1986）的中介效应模型，对第二章理论机制中的出口强度效应（包括命题 1 和命题 2）进行检验。本部分首先对数据进行一系列处理，最后形成制造业企业非平衡面板的大样本数据，再根据移动窗口方法将企业产出波动的截面数据整合成面板数据。由于出口强度效应在国内波动和出口波动中的表现不同，因此对国内外波动进行分别检验，在此基础上再进行对总产出波动的检验。然后进一步进行企业异质性检验，发现不同异质性企业表现出的不同规律。最后进行拓展性分析，考察出口质量二元边际对总产出波动的影响。

第一节 模型设定与数据处理

一、模型设定

为了检验出口质量对产出波动的影响，使用 Baron 和 Kenny（1986）的中介效应模型。中介效应模型可以分析自变量影响因变量的作用机制，能够得到更多更深入的结果（温忠麟，2014），近年来在研究影响机制的文献中得到了广泛应用。本节使用的中介效应模型共包含 4 个方程（M1-M4），M1 用于检验企业出口质量对产出波动的影响。

$$vol_{it} = \alpha_1 + \beta_1 quality_{it} + \omega_1 x_{it} + \gamma_1 + \varepsilon_1 \qquad (4.1)$$

M2 用于检验出口质量对中介变量（出口强度）的影响。

$$intens_{it} = \alpha_2 + \beta_2 quality_{it} + \omega_2 x_{it} + \gamma_2 + \varepsilon_2 \qquad (4.2)$$

M3 用于检验中介变量（出口强度）对产出波动的影响。

$$vol_{it} = \alpha_3 + \beta_3 intens_{it} + \omega_3 x_{it} + \gamma_3 + \varepsilon_3 \qquad (4.3)$$

M4 用于检验控制了出口质量的影响后，中介变量（出口强度）对产出波动的效应。

$$vol_{it} = \alpha_4 + \beta_{41} quality_{it} + \beta_{42} intens_{it} + \omega_4 x_{it} + \gamma_4 + \varepsilon_4 \qquad (4.4)$$

其中，下标 i 表示企业。vol_{it} 是企业的产出波动，$quality_{it}$ 是企业的出口质量，$intens_{it}$ 是中介变量（出口强度），x_{it} 是控制变量，为了避免遗漏变量造成的估计偏差，γ 表示固定效应（包括企业固定效应、行业固定效应、地区固定效应和所有制固定效应），ε 表示随机扰动项。此外，为了减弱反向因果关系，对模型中的出口质量和中介变量采取滞后 1 期的处理方法。①

二、指标选取

1. 企业的产出波动。②用企业产出增长率的方差来衡量企业的产出波动：

$$vol_i = \sum_t \left(g_{it} - \frac{1}{T} \sum_t g_{it} \right)^2 \tag{4.5}$$

其中，g_{it} 表示企业销售产值 x_{it} 的中点增长率，与普通增长率相比，中点增长率具有对称性和有界性的优点（Vannoorenberghe，2016）。其计算方法为：

$$g_{it} = \frac{x_{it} - x_{i,\,t-1}}{(x_{it} + x_{i,\,t-1})/2} \tag{4.6}$$

对于同时具有国内外两个市场的企业，其总产出可以分解为两个部分，一部分产出销售到国内市场，一部分产出销售到国外市场。因此，产出波动也可以分解为两个部分；一部分是销售到国内市场的产值的波动，简称为国内波动（vol_h_i）；另一部分是销售到国外市场的产值的波动，简称为出口波动（vol_f_i）。

销售到国外市场的产值用企业销售产值中的出口交货值衡量，销售到国内市场的产值用企业销售产值减去出口交货值的差值衡量。与式（4.5）和式（4.6）的计算方法相同，出口波动（vol_f_i）用企业出口交货值增长率的方差来衡量，国内波动（vol_h_i）用企业销售到国内市场的产值增长率的方差来衡量。

微观企业波动还可以用残差法测算（Veirman 和 Levin，2012），为了稳健起见，本节进一步采用残差法测算出口波动。企业产出的不确定增长率用企业实际产出增长率除去可预见因素后的残差项衡量，而产出波动用残差项的标准差估计，计算公式如下：

$$g_{it} = \ln(x_{it}) - \ln(x_{it-1}) = \alpha_0 + \alpha_1 X + \eta_{it} \tag{4.7}$$

其中 g_{it} 为企业实际产出增长率，x_{it} 是企业销售产值，X 为控制变量向量，控制了企业固定效应和时间—行业固定效应，η_{it} 为方程的残差项。然后根据残差项计算产出波动（vol'）：

$$vol'_i = StdDev(\eta_{it}) \tag{4.8}$$

残差法测算国内波动（$vol\_h'_i$）和出口波动（$vol\_f'_i$）的方法同式（4.7）和式（4.8）。

2. 企业的出口质量。在第三章出口质量测算部分已经详细阐述了企业出口质量的测算方法，这里不再赘述。

---

① 由于本节将产出波动分解为出口波动和国内波动，除了检验出口质量如何影响了产出波动，同时检验出口质量如何影响了出口波动（vol_f）与国内波动（vol_h），这两部分检验的中介效应模型的设定与式（4.1）到式（4.4）相同。

② 由于工业企业数据库缺少 2004 年销售产值和出口交货值的数据，因此在测算波动的过程中采取顺延的方法处理，比如测算 2000—2005 年的产出波动，需要先计算出 2001—2005 年的产出增长率，由于无法计算 2004 年的产出增长率，由 2003 年的产出增长率顺延至 2005 年来处理。

　　3. 中介变量的设定。根据前文中理论机制的分析，出口质量提升影响产出波动的中介变量是出口强度（$intens_{it}$），借鉴陈勇兵等（2014）、岳文和韩剑（2017）的方法用企业出口交货值占总销售产值的比重来衡量企业的出口强度。

　　4. 控制变量的设定。控制企业特征对产出波动和出口质量的影响（Maggioni 等，2016），企业特征包括：①产出增长率（$grate$）①用企业平均产出增长的绝对值表示，产出快速增长或降低的企业可能更加不稳定，因此控制该变量产出波动的影响；② 全要素生产率（$lntfp$）用拓展的 OP 半参数方法和 LP 方法进行测算，LP 方法用作稳健性分析。生产率差异是异质性企业贸易理论的起点，也是被文献最先关注的异质性维度（Melitz，2003），生产率差异对出口行为有着重要的影响②；③资产（$lnassets$）用企业总资产的对数衡量；④ 职工人数（$lnemployment$）用企业总职工人数的对数衡量；⑤ 工资（$lnwage$）用企业平均职工工资的对数衡量；⑥ 资本密集度（$lncapitalint$）用企业人均固定资产的对数衡量；⑦ 杠杆率（$leverageratio$）用企业的资产负债率即企业总负债与总资产之比表示；⑧ 企业年龄（$lnage$），由于《中国工业企业数据库》中没有报告企业年龄，只报告了企业开业年份，本节运用以下公式得到企业年龄：企业年龄 = 当年年份 − 企业开业年份 + 1。在控制了企业特征之后，再用省份、行业和所有制的固定效应控制遗漏的区域、行业和所有制的特定影响（Vannoorenberghe、Wang 和 Yu，2016）。

三、数据处理

　　本章研究使用的数据主要有两个来源：一是中国海关贸易数据库；二是中国工业企业数据库。2000—2013 年中国海关贸易数据库提供了高度细分的进出口产品层面的数据。由于本章研究的是出口产品质量，因此先把海关数据库中的出口产品数据挑选出来。然后将月度数据整理为年度数据：第一，统一所有月度数据的变量名称和数据属性，处理核心变量中字母大小写不统一、字符中多余空格等数据异常问题；第二，挑选出每月度核心变量，交易日期、企业名称、产品 HS8 位码、价格、数量、交易金额、贸易方式、电话、邮编和联系人等；第三，由于交易金额是以美元计价的，因此本书采用月度的美元对人民币汇率将每笔交易金额换算为人民币计价；第四，删除核心变量损失的样本，删除贸易价值量小于 50 美元，数量小于 1 的样本；第五，将月度数据汇总成年度数据，删除每一年度所有核心变量都相同的重复企业，并且统一产品 HS8 位码版本③。

　　2000—2013 年中国工业企业数据库提供了所有国有企业和规模以上的非国有工业

---

　　① 出口波动模型中的控制变量是企业出口增长率（$grate\_f$）、国内波动模型中的控制变量是企业国内销售增长率（$grate\_h$）。

　　② 2008—2013 年稳健性分析部分，由于数据缺失无法计算全要素生产率，因此用劳动生产率（$Lnlaborp$）代替，其用人均产出的对数衡量。

　　③ 2000—2013 年海关数据中产品 HS8 位码版本有 HS1996 版本、HS2002 版本和 HS2007 版，因此采用 CEPII-BACI 数据库中的产品代码转化表将 HS8 位码都统一为 HS2002 版本。

企业的生产数据。首先，统一所有年度数据的变量名称和数据属性，处理核心变量中字母大小写不统一、字符中多余空格等数据异常问题，再采用跨期匹配的思路，将年度截面数据整理为非平衡面板数据（Brandt 等，2012；聂辉华、江艇和杨汝岱，2012）。其次，删除主要会计财务指标缺失、违背公认会计准则和职工人数小于 8 的样本（Feenstra 等，2014）。再次，处理产出、资本和投入变量。2000—2006 年投入和产出变量的平减使用 Brandt 等（2012）构造的平减指数平减。对于 2007—2013 年的投入和产出变量，工业增加值、工业总产值和工业销售产值均使用统计局公布的各行业出厂价格指数平减，固定资本使用中经网公布的固定资产投资价格指数平减。最后，调整行业信息。由于 2003 年前后行业分类标准发生改变，利用 Brandt 等（2012）构造的行业代码对照表进行调整。同时，由于本书关注的是制造业企业，因此将非制造业企业删除，即 CIC 两位行业代码为 06、07、08、09、10、11、44、45 和 46 的行业。由于烟草行业的生产及销售被政府高度管制，工艺品的生产及销售也非常特殊（Upward 等，2013），因此将烟草制品行业（16）、工艺品及其他制造行业（42）与废弃资源和废旧原料回收加工行业（43）也删除。

将原始的海关数据库和工业企业数据库整理后，再进行两大数据库的合并工作。由于两个数据库的企业代码不一致，借鉴 Upward 等（2013）和 Yu（2011）的方法，使用企业名称、电话号码、邮政编码及联系人等指标来匹配两个数据库。具体步骤如下：第一，通过企业名称匹配；第二，为了提高匹配企业的数量，再通过电话号码后七位和邮政编码两个指标进行匹配；第三，继续通过电话号码和联系人姓名两个指标进行匹配；最后，通过邮政编码和联系人姓名两个指标进行匹配。同时，每个步骤用省份信息检验两个企业的一致性。

由于 2000—2007 年数据指标比较齐全，数据质量较高，本章用这部分数据进行基准实证检验。2008—2013 年数据部分指标缺失，并且 2011—2013 年样本企业规模与之前统计口径不一致，因此用这部分数据进行稳健性分析。2008—2013 年数据中，工业增加值缺失 2008、2009、2012 和 2013 年的信息，固定资产净值、工业中间投入、本年折旧和工资都缺失 2008—2010 年的信息，因此测算全要素生产率比较困难。由于 2010 年之前数据是营业收入 500 万元以上的非国有企业，2011—2013 年数据为营业收入 2000 万元以上的非国有企业，为了统一统计口径，将 2008—2013 年数据都统一为营业收入 2000 万元以上的非国有企业。

为了测算微观企业产出波动，本章选择连续 5 年出口的企业作为样本。并且为了与理论机制部分保持一致，选择同时具有国内与国外两个销售市场的企业，将完全出口贸易中介企业或者只在国内销售的企业样本删除，再借鉴移动窗口方法将截面数据整合为面板数据，最终得到 67335 家企业的样本。表 4-1 报告了主要变量的描述性统计特征。

表 4-1　主要变量的描述性统计

变量	定义	样本	平均数	中位数	标准差	最小值	最大值
vol_f	企业的出口波动	67335	-0.413	-0.139	0.931	-6.178	0.832
vol_h	企业的国内波动	59135	-0.212	-0.145	1.102	-9.975	8.778
vol	企业的总产出波动	67334	-0.904	-0.818	0.839	-7.023	0.807
quality	企业的出口质量	67335	0.561	0.564	0.131	0.015	1.000
intens	企业的出口强度	67334	0.591	0.699	0.386	0.016	0.999
grate_f	企业出口增长率	67335	0.139	0.093	0.311	-1.536	1.687
grate_h	企业国内销售增长率	62601	-0.019	0.052	0.622	-2.000	1.403
grate	企业总产出增长率	67335	0.137	0.121	0.212	-1.127	1.341
lntfp	企业全要素生产率的对数	24757	1.699	1.711	0.210	-2.684	2.404
lnasset	企业总资产的对数	67331	10.687	10.549	1.445	5.252	18.979
lnemployment	企业职工人数的对数	67335	5.656	5.591	1.087	0.693	12.145
lnwage	企业平均工资的对数	38993	2.746	2.724	0.679	-3.367	6.616
Lncapitalint	企业资本密集度的对数	67312	3.637	3.676	1.301	-5.617	9.333
leverageratio	企业的杠杆率	67330	0.643	0.595	0.380	0.105	1.741
lnage	企业年龄的对数	67134	4.121	2.639	2.615	0.000	7.599
Lnlaborp	企业劳动生产率的对数	67335	4.115	5.046	2.298	0.748	7.424

第二节　实证结果与分析

一、出口质量提升对出口波动的影响

我们用中介效应模型来检验理论机制提出的命题 1 和命题 2。根据 Baron 和 Kenny(1986)、温忠麟(2014)对中介效应模型的研究，如果出口强度起到中介效应的作用，则需满足以下条件：第一，自变量(出口质量)在统计上显著影响因变量(产出波动)；第二，自变量(出口质量)在统计上显著影响中介变量(出口强度)；第三，中介变量在统计上显著影响因变量(产出波动)；第四，在考虑了中介变量对因变量(产出波动)的影响后，自变量(出口质量)对因变量(产出波动)的影响如果不再显著，说明是完全中介效应，如果显著则是部分中介效应。由于本书将产出波动分解为出口波动和国内波动，因此中介效应模型的基准估计有三个部分，依次检验出口质量对出口波动、国内波动和产出波动的影响。

表4-2汇报了出口质量影响出口波动的估计结果。第(1)列、第(3)列、第(5)列和第(7)列控制企业固定效应，不控制行业—省份固定效应，观察的是同一企业不同时间的变化。第(2)列、第(4)列、第(6)列和第(8)列控制行业—省份固定效应，不控制企业固定效应，观察的是同一行业同一省份内企业间的变化。不论是在企业内还是企业间，都呈现如下结果：出口质量与出口波动显著负相关(M1)，出口质量与出口强度显著正相关(M2)，出口强度又与出口波动显著负相关(M3)，当控制了出口质量对出口波动的影响之后，出口质量的显著性降低，中介变量出口强度与出口波动仍然显著负相关(M4)。因此，根据中介效应模型的工作原理，出口强度效应是部分中介效应，中介效应占总效应的19.28%①。结果表明出口质量的提升通过出口强度的增加抑制了出口波动，结果很好地支持了理论机制中命题1的一部分。

由于国外市场的需求对出口波动影响较大，为了更好地检验出口强度的中介效应，进一步控制了需求波动(vd)，需求波动用企业产品进口国的人均收入波动衡量(Maggioni等，2016)。表4-3汇报了控制需求波动之后，出口质量影响出口波动的估计结果，核心结论均未发生变化。

二、出口质量提升对国内波动的影响

表4-4汇报了出口质量影响国内波动的估计结果。结果显示：不论是在企业内还是企业间，出口质量与国内波动显著正相关(M1)，出口质量与出口强度显著正相关(M2)，出口强度也与国内波动显著正相关(M3)，当控制了出口质量对国内波动的影响之后，出口质量的显著性降低，中介变量出口强度与国内波动仍然显著正相关(M4)。因此，根据中介效应模型的工作原理，出口强度效应是部分中介效应，中介效应占总效应的19.24%。以上结果表明，企业出口质量越高，出口强度越大，进而国内波动越大，即出口质量的提升通过出口强度的增加加剧了国内波动，该回归结果很好地支持了理论机制中命题1的另一部分，至此，本节验证了命题1。

三、出口质量提升对总产出波动的影响

表4-5汇报了出口质量影响总产出波动的估计结果。结果显示：不论是在企业内还是企业间，出口质量与总产出波动显著正相关(M1)，出口质量与出口强度显著正相关(M2)，出口强度也与总产出波动显著正相关(M3)，当控制了出口质量对总产出波动的影响之后，中介变量出口强度与总产出波动仍然显著正相关(M4)。以上结果表明，企业出口质量越高，出口强度越大，进而总产出波动越大，即企业出口质量的提升没有起到稳定总产出波动的作用。得到这个结果可能的原因在于，我国大量出口企业开展加工贸易业

---

① 中介效应比率(z)的算法(温忠麟，2014)：$z = ab/c$，a是出口质量对中介变量的估计系数，c是出口质量对出口波动的估计系数，b是控制了出口质量对出口波动的影响之后，中介变量对出口波动的估计系数。

表 4-2 出口质量影响出口波动的中介效应模型基准估计结果

	M1		M2		M3		M4	
	vol_f	vol_f	intens	intens	vol_f	vol_f	vol_f	vol_f
	(1)	(2)	(3)	(4)	(5)	(6)	(7)	(8)
quality	-0.722***	-0.518**	0.586***	0.574***			-0.688***	-0.478**
	(-3.53)	(-2.51)	(8.33)	(8.13)			(-3.36)	(-2.32)
intens					-0.063***	-0.176***	-0.057**	-0.174***
					(-2.59)	(-6.41)	(-2.36)	(-6.34)
grate_f		-0.381***				-0.541***		-0.549***
		(-7.54)				(-9.51)		(-9.64)
lntfp		-0.029		0.036		-0.018		-0.021
		(-0.35)		(1.28)		(-0.22)		(-0.26)
lnasset		-0.194***		0.018		-0.210***		-0.205***
		(-5.10)		(1.35)		(-5.55)		(-5.40)
lnemployment		-0.299***		0.032**		-0.312***		-0.308***
		(-7.03)		(2.21)		(-7.36)		(-7.24)
lnwage		-0.143***		-0.014		-0.158***		-0.154***
		(-4.51)		(-1.25)		(-4.98)		(-4.86)

续表

	M1		M2		M3		M4	
	vol_f	vol_f	intens	intens	vol_f	vol_f	vol_f	vol_f
	(1)	(2)	(3)	(4)	(5)	(6)	(7)	(8)
Lncapitalint		-0.054*		0.015		-0.048*		-0.048*
		(-1.91)		(1.56)		(-1.72)		(-1.72)
leverageratio		0.332***		-0.020		0.331***		0.328***
		(4.32)		(-0.77)		(4.31)		(4.27)
lnage		-45.158***		-10.891***		-45.986***		-45.939***
		(-6.18)		(-4.34)		(-6.30)		(-6.30)
企业固定效应	是	否	是	否	是	否	是	否
行业*省份固定效应	否	是	否	是	否	是	否	是
所有制固定效应	否	是	否	是	否	是	否	是
N	21,188	21,113	21,190	21,115	21,188	21,113	21,188	21,113
adj. R²	0.259	0.274	0.845	0.847	0.259	0.276	0.260	0.276

注：圆括号内的值为 t 统计量；***、**和*分别表示 1%、5%和 10%的的显著性水平。下表同。

表 4-3 出口质量影响出口波动的基准估计结果（进一步控制了需求波动）

	M1		M2		M3		M4	
	vol_f	vol_f	intens	intens	vol_f	vol_f	vol_f	vol_f
	(1)	(2)	(3)	(4)	(5)	(6)	(7)	(8)
quality	−0.722***	−0.614***	0.586***	0.574***			−0.688***	−0.585**
	(−3.53)	(−2.68)	(8.33)	(8.13)			(−3.36)	(−2.55)
intens					−0.063***	−0.170***	−0.057**	−0.169***
					(−2.59)	(−5.79)	(−2.36)	(−5.73)
vd		0.041*				0.040*		0.040*
		(1.95)				(1.90)		(1.90)
grate_f		−0.417***				−0.568***		−0.580***
		(−7.68)				(−9.31)		(−9.48)
lntfp		−0.009		0.036		0.002		−0.002
		(−0.11)		(1.28)		(0.02)		(−0.02)
lnasset		−0.186***		0.018		−0.202***		−0.196***
		(−4.54)		(1.35)		(−4.95)		(−4.80)
lnemployment		−0.311***		0.032**		−0.326***		−0.320***
		(−6.89)		(2.21)		(−7.25)		(−7.10)

续表

	M1		M2		M3		M4	
	vol_f	vol_f	intens	intens	vol_f	vol_f	vol_f	vol_f
	(1)	(2)	(3)	(4)	(5)	(6)	(7)	(8)
lnwage		-0.146***		-0.014		-0.161***		-0.157***
		(-4.35)		(-1.25)		(-4.80)		(-4.67)
Lncapitalint		-0.054*		0.015		-0.051*		-0.050*
		(-1.79)		(1.56)		(-1.69)		(-1.66)
leverageratio		0.340***		-0.020		0.341***		0.337***
		(4.13)		(-0.77)		(4.15)		(4.11)
lnage		-43.102***		-10.891***		-43.919***		-43.570***
		(-5.41)		(-4.34)		(-5.52)		(-5.47)
企业固定效应	是	否	是	否	是	否	是	否
行业*省份固定效应	否	是	否	是	否	是	否	是
所有制固定效应	否	是	否	是	否	是	否	是
N	21,188	18,544	21,190	21,115	21,188	18,544	21,188	18,544
adj. R^2	0.259	0.284	0.845	0.847	0.259	0.286	0.260	0.286

83

表 4-4 出口质量影响国内波动的中介效应模型基准估计结果

| | M1 | M2 | | M3 | | M4 | |
	vol_h	vol_h	intens	intens	vol_h	vol_h	vol_h	vol_h
	(1)	(2)	(3)	(4)	(5)	(6)	(7)	(8)
quality	0.369***	0.367***	0.586***	0.574***			0.298**	0.282**
	(3.15)	(3.09)	(8.33)	(8.13)			(2.54)	(2.38)
intens					0.105***	0.126***	0.103***	0.123***
					(8.00)	(9.06)	(7.78)	(8.84)
grate_h		-0.033**				-0.075***		-0.074***
		(-2.26)				(-4.85)		(-4.78)
lntfp		-0.027		0.036		-0.034		-0.032
		(-0.54)		(1.28)		(-0.69)		(-0.64)
lnasset		-0.024		0.018		-0.027		-0.031
		(-0.96)		(1.35)		(-1.10)		(-1.24)
lnemployment		0.022		0.032**		0.017		0.015
		(0.80)		(2.21)		(0.65)		(0.55)
lnwage		-0.016		-0.014		-0.014		-0.016
		(-0.80)		(-1.25)		(-0.70)		(-0.80)

续表

	M1		M2		M3		M4	
	vol_h	vol_h	intens	intens	vol_h	vol_h	vol_h	vol_h
	(1)	(2)	(3)	(4)	(5)	(6)	(7)	(8)
Lncapitalint		-0.025		0.015		-0.026		-0.026
		(-1.38)		(1.56)		(-1.46)		(-1.45)
leverageratio		-0.017		-0.020		-0.018		-0.017
		(-0.33)		(-0.77)		(-0.35)		(-0.33)
lnage		-12.696***		-10.891***		-12.000***		-11.808***
		(-3.02)		(-4.34)		(-2.86)		(-2.82)
企业固定效应	是	否	是	否	是	否	是	否
行业×省份固定效应	否	是	否	是	否	是	否	是
所有制固定效应	否	是	否	是	否	是	否	是
N	15,465	15,410	21,190	21,115	15,465	15,410	15,465	15,410
adj. R^2	0.727	0.728	0.845	0.847	0.729	0.730	0.729	0.730

表 4-5　出口质量影响总产出波动的中介效应模型基准估计结果

| | M1 | | M2 | | M3 | | M4 | | M5 |
	vol	vol	intens	intens	vol	vol	vol	vol	vol
	(1)	(2)	(3)	(4)	(5)	(6)	(7)	(8)	(9)
quality	0.113***	0.167***	0.787***	0.506***			0.069**	0.160***	
	(3.39)	(4.22)	(18.61)	(11.10)			(2.07)	(4.04)	
quality1									−0.038*
									(−1.90)
quality2									0.112***
									(3.19)
intens					0.057***	0.015***	0.056***	0.014**	
					(11.40)	(2.76)	(11.08)	(2.47)	
grate		0.011				0.012		0.013	0.014
		(0.46)				(0.51)		(0.58)	(0.50)
lntfp		−0.021		−0.049		−0.021		−0.020	0.018
		(−0.72)		(−1.49)		(−0.73)		(−0.70)	(0.52)
lnasset		−0.017*		−0.209***		−0.010		−0.014	−0.001
		(−1.95)		(−21.13)		(−1.17)		(−1.60)	(−0.11)

续表

	M1		M2		M3		M4		M5
	vol	vol	intens	intens	vol	vol	vol	vol	vol
	(1)	(2)	(3)	(4)	(5)	(6)	(7)	(8)	(9)
inemployment		-0.063***		0.117***		-0.065***		-0.065***	-0.078***
		(-7.28)		(11.62)		(-7.48)		(-7.45)	(-7.26)
lnwage		-0.101***		-0.116***		-0.094***		-0.099***	-0.106***
		(-9.26)		(-9.20)		(-8.64)		(-9.09)	(-8.60)
Lncapitalint		-0.003		-0.007		-0.003		-0.003	-0.022***
		(-0.37)		(-0.86)		(-0.46)		(-0.37)	(-2.71)
leverageratio		0.141***		-0.022		0.141***		0.142***	0.146***
		(7.25)		(-0.98)		(7.21)		(7.26)	(6.08)
lnage		-15.837***		-24.057***		-15.677***		-15.488***	-14.639***
		(-12.13)		(-16.08)		(-11.94)		(-11.80)	(-10.15)
企业固定效应	是	否	是	否	是	否	是	否	否
行业*省份固定效应	否	是	否	是	否	是	否	是	是
所有制固定效应	否	是	否	是	否	是	否	是	是
N	24,755	24,696	24,755	24,696	24,755	24,696	24,755	24,696	24,696
adj. R^2	0.020	0.059	0.093	0.273	0.025	0.058	0.025	0.059	0.052

务，因此企业出口强度较高，本书样本企业的出口强度平均值为 0.591，大于 50%，出口强度的中位数为 0.699，也大于 50%。根据理论机制部分的推导，只有当企业出口强度小于 50% 时，出口质量的提升才能起到稳定总产出波动的作用。

为了更好地验证理论机制中的命题 2，本书进一步利用门槛效应模型，尝试寻找出口强度具体的门槛值。表 4-6 是门槛效果检验结果，本节依次在不存在门槛、一个门槛和两个门槛的设定下进行估计，相应的自抽样 P 值分别为 0.037、0.000 和 0.037，说明双重门槛效果最为显著，以下将基于双重门槛进行分析。

表 4-6　门槛效果检验

模型	F 值	P 值	临　界　值		
			1%	5%	10%
单一门槛	5.134**	0.037	6.672	4.713	3.322
双重门槛	26.470***	0.000	10.278	3.320	1.506
三重门槛	0.000**	0.037	0.000	0.000	0.000

注：P 值和临界值均为采用"自抽样法"（Bootstrap）反复抽样 300 次得到的结果。

表 4-7 显示了两个门槛的估计值和相应的95% 置信区间，发现两个门槛值较为接近，第一个门槛值为 0.411，第二个门槛值为 0.319。我们进一步依据似然比函数图确定具体的门槛值，图 4-1 的左边和右边分别是第一个和第二个门槛值的似然比函数图，我们发现

表 4-7　门槛估计结果

	估计值	95% 置信区间
门槛值 1	0.411	[0.357，0.468]
门槛值 2	0.319	[0.115，1.000]

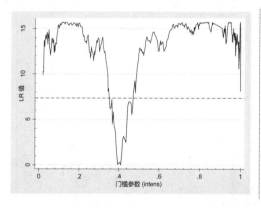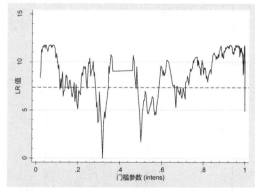

图 4-1　第一个门槛和第二个门槛的估计值和置信区间图

第一个门槛值更为明确。因此,我们根据出口强度的第一个门槛值(0.411)将企业分为两组:低出口强度企业($intens \leq 0.411$)和高出口强度企业($intens > 0.411$)。表4-5中第(9)列是根据出口强度门槛值分组后的结果,对于低出口强度企业,出口质量($quality1$)与产出波动显著负相关,对于高出口强度企业,出口质量($quality2$)与产出波动显著正相关。实证结果说明当企业出口强度小于0.411时,出口质量的提升能够起到降低总产出波动的作用,很好地支持了理论机制中的命题2。

四、企业异质性估计

对于不同类型的企业,出口质量提升对产出波动的影响可能不同,因此进一步进行分类回归。不同贸易方式企业的估计结果报告在表4-8,对于一般贸易企业,出口质量与出口波动负相关但是不显著,与国内波动显著正相关,与总产出波动正相关但不显著;对于加工贸易企业,出口质量与出口波动显著负相关,与国内波动正相关但不显著,与总产出波动正相关但不显著。结果说明,加工贸易企业出口质量的提升可以稳定出口波动,但是可能由于加工贸易企业的出口强度较大,导致其对总产出波动的稳定作用没有发挥出来。一般贸易企业出口质量的提升没有起到缓解企业波动的作用,主要原因可能是一般贸易企业出口质量的升级动力不足。

表4-8　不同贸易方式企业分类估计结果

	一般贸易企业			加工贸易企业		
	vol_f	vol_h	vol	vol_f	vol_h	vol
	(1)	(2)	(3)	(4)	(5)	(6)
$quality$	-0.290	0.361***	0.116	-0.737***	0.250	-0.197
	(-1.28)	(2.88)	(1.07)	(-2.66)	(1.48)	(-1.42)
$lntfp$	-0.069	-0.025	0.073	-0.062	-0.044	0.111**
	(-0.74)	(-0.47)	(1.63)	(-0.63)	(-0.67)	(2.25)
$lnasset$	-0.154***	-0.032	0.076***	-0.109**	-0.040	0.029
	(-3.44)	(-1.16)	(3.55)	(-2.33)	(-1.18)	(1.24)
$lnemployment$	-0.326***	0.047	0.017	-0.231***	0.017	0.037
	(-6.69)	(1.59)	(0.72)	(-4.39)	(0.47)	(1.40)

续表

	一般贸易企业			加工贸易企业		
	vol_f	*vol_h*	*vol*	*vol_f*	*vol_h*	*vol*
	（1）	（2）	（3）	（4）	（5）	（6）
lnwage	−0.117***	0.002	0.045**	−0.082**	−0.037	0.004
	（−3.18）	（0.08）	（2.55）	（−2.16）	（−1.48）	（0.20）
Lncapitalint	−0.073**	−0.021	−0.005	−0.098***	−0.035	−0.013
	（−2.29）	（−1.07）	（−0.32）	（−2.69）	（−1.43）	（−0.72）
leverageratio	0.296***	−0.039	−0.054	0.397***	−0.024	−0.001
	（3.22）	（−0.69）	（−1.23）	（4.26）	（−0.38）	（−0.01）
lnage	−31.551***	−13.339***	−2.181	−84.744***	−12.825*	4.051
	（−4.03）	（−3.08）	（−0.58）	（−7.82）	（−1.90）	（0.75）
行业＊省份固定效应	是	是	是	是	是	是
所有制固定效应	是	是	是	是	是	是
N	16,619	13,099	16,621	13,624	9,298	13,625
adj. R^2	0.275	0.731	0.503	0.268	0.714	0.478

不同要素密集度企业的估计结果报告在表4-9中①，对于劳动密集型企业，出口质量与出口波动显著负相关，与国内波动显著正相关，与总产出波动正相关但不显著；对于资本和技术密集型企业，出口质量与出口波动正相关但不显著，与国内波动显著正相关，与总产出波动显著正相关。结果说明，资本和技术密集型企业出口质量的提升加剧了国内波动和总产出波动，可能的原因是资本和技术密集型行业风险更大，因为这些行业的创新带来的产品升级换代会引起较大的产出波动。

---

① 由于资本密集型出口企业样本量较小，无法很好地呈现出规律，因此将资本密集型和技术密集型企业合并在一起考察。

表 4-9　不同要素密集度企业分类估计结果

	劳动密集型企业			资本和技术密集型企业		
	vol_f	*vol_h*	*vol*	*vol_f*	*vol_h*	*vol*
	(1)	(2)	(3)	(4)	(5)	(6)
quality	−0.248**	0.634***	0.033	0.130	0.386***	0.259***
	(−2.42)	(6.85)	(0.57)	(1.35)	(4.91)	(4.65)
lntfp	−0.111	−0.041	0.015	−0.105	−0.034	−0.025
	(−1.64)	(−0.67)	(0.39)	(−1.32)	(−0.52)	(−0.55)
lnasset	0.027	−0.182***	−0.011	0.147***	−0.224***	−0.024*
	(1.35)	(−9.78)	(−0.99)	(6.07)	(−11.01)	(−1.68)
lnemployment	−0.117***	0.036*	−0.071***	−0.232***	0.120***	−0.042***
	(−5.74)	(1.90)	(−6.06)	(−9.36)	(5.83)	(−2.95)
lnwage	−0.127***	−0.137***	−0.113***	−0.097***	−0.208***	−0.117***
	(−5.05)	(−6.04)	(−7.92)	(−3.40)	(−8.80)	(−7.07)
Lncapitalint	0.028*	−0.060***	−0.018**	−0.062***	0.021	0.000
	(1.78)	(−4.08)	(−2.05)	(−3.29)	(1.30)	(0.02)
leverageratio	0.203***	−0.030	0.107***	0.182***	0.129***	0.117***
	(4.55)	(−0.72)	(4.20)	(3.33)	(2.81)	(3.72)
lnage	−14.187***	−29.531***	−17.427***	3.508	−40.001***	−16.328***
	(−4.36)	(−10.49)	(−9.39)	(1.08)	(−15.33)	(−8.67)
行业*省份固定效应	是	是	是	是	是	是
所有制固定效应	是	是	是	是	是	是
N	13,842	9,666	13,843	9,640	8,199	9,640
adj. R^2	0.014	0.175	0.040	0.016	0.143	0.041

五、稳健性检验

(一)内生性问题

考虑到中介效应模型(M1-M4)可能存在的内生性问题，企业产出波动、出口质量与出口强度三者之间可能互为因果关系。比如，企业出口质量影响产出波动，反过来产出波动可能潜在地影响出口质量。出口质量影响出口强度，反过来出口强度也可能影响出口质量。虽然在基准估计中已经对出口质量与出口强度采取了滞后1期的处理，但是为了使研究结果更加完善和严谨，进一步采用广义矩估计法(GMM)缓解中介效应模型的内生性问题(Tse等，2017；黄先海、金泽成和余林徽，2018)。具体的处理方法是，我们将出口质量和出口强度设定为内生变量，将其他控制变量设定为外生变量，并使用所有控制变量可能的滞后项作为内生变量的工具变量。

表4-10报告了系统GMM的估计结果，第(1)列到第(3)列是中介效应模型中M1的结果，出口质量与出口波动显著负相关，与国内波动显著正相关，与总产出波动显著正相关。第(4)列是中介效应模型中M2的结果，出口质量与出口强度显著正相关。第(5)列到第(7)列是中介效应模型中M4的结果，① 当控制了出口质量对出口波动(国内波动、总产出波动)的影响之后，中介变量出口强度与出口波动仍然显著负相关，与国内波动仍然显著正相关，与总产出波动正相关但不显著。由此可见，系统GMM估计结果与理论机制的命题基本一致。

为了保证估计结果的有效性，本节对系统GMM估计进行了两个步骤的检验：第一，Hansen J检验的p值均大于0.1，说明所选择的工具变量是有效的；第二，Arellano-Bond自回归检验中，AR(1)的p值较大，说明动态面板数据扰动项的差分不存在一阶自相关，确保得到的是一致性估计结果。由于本书是短面板数据，如果不存在一阶自相关，则不需要再进行二阶自相关AR(2)的检验。

(二)采用2008—2013年样本的检验

为了验证核心结论是否稳健，本书进一步采用2008—2013年的样本对中介效应模型进行检验，表4-11汇报了估计结果，第(1)列到第(3)列是中介效应模型中M1的结果，出口质量与出口波动显著负相关，与国内波动显著正相关，与总产出波动显著正相关。第(4)列是中介效应模型中M2的结果，出口质量与出口强度显著正相关。第(5)列到第(7)列是中介效应模型中M4的结果，当控制了出口质量对出口波动(国内波动、总产出波动)的影响之后，中介变量出口强度与出口波动仍然显著负相关，与国内波动仍然显著正相关，与总产出波动显著正相关。由此可见，结论与基准估计结果一致。

---

① 中介效应模型可以省略对M3的检验。

表 4-10　系统 GMM 估计结果

	vol_f (1)	vol_h (2)	vol (3)	intens (4)	vol_f (5)	vol_h (6)	vol (7)
quality	-0.189***	0.069***	0.166***	0.734***	-0.848***	0.140***	0.136***
	(-2.86)	(3.51)	(3.44)	(18.22)	(-2.96)	(3.73)	(2.66)
intens					-0.714**	0.278**	0.075
					(-2.22)	(2.28)	(0.96)
lntfp	-0.034	-0.057	0.008	0.004	-0.036	-0.035	0.001
	(-0.42)	(-1.11)	(0.18)	(0.13)	(-0.41)	(-0.62)	(0.03)
lnasset	0.056*	-0.209***	-0.039**	-0.147***	-0.113	-0.175***	-0.026
	(1.78)	(-3.98)	(-2.44)	(-10.07)	(-1.62)	(-4.98)	(-1.15)
lnemployment	-0.164***	0.124***	-0.014	0.089***	-0.060	0.093***	-0.031
	(-4.06)	(3.51)	(-0.76)	(6.24)	(-1.30)	(3.32)	(-1.41)
lnwage	-0.040	-0.103***	-0.061**	-0.096***	-0.142**	-0.096***	-0.063***
	(-1.35)	(-3.57)	(-2.19)	(-7.02)	(-2.55)	(-3.83)	(-2.96)
Lncapitalint	0.022	-0.059***	-0.004	-0.006	0.007	-0.055***	-0.003
	(1.02)	(-3.32)	(-0.37)	(-0.68)	(0.27)	(-3.16)	(-0.23)

续表

	vol_f	vol_h	vol	intens	vol_f	vol_h	vol
	(1)	(2)	(3)	(4)	(5)	(6)	(7)
leverageratio	0.250***	0.046	0.142***	-0.011	0.238***	0.062	0.156***
	(3.82)	(1.08)	(3.53)	(-0.46)	(3.46)	(1.31)	(4.47)
lnage	-4.808	-32.046***	-11.706**	-25.019***	-33.018**	-28.742***	-11.136***
	(-0.84)	(-3.66)	(-2.38)	(-9.50)	(-2.04)	(-4.94)	(-2.87)
行业*省份固定效应	是	是	是	是	是	是	是
所有制固定效应	是	是	是	是	是	是	是
Hansen J 检验	0.675	0.791	0.302	0.614	0.102	0.243	0.705
AR(1) 检验	0.659	0.221	0.517	0.179	0.695	0.549	0.672
N	21,188	21,113	21,190	21,115	21,188	21,113	21,188
工具变量数	19	19	19	24	24	24	24

(三)企业波动的其他测算方法

为了稳健起见,这里进一步采用残差法测算的波动进行检验。并且,用 LP 方法重新测算全要素生产率,替换 OP 方法测算的全要素生产率。表 4-12 报告了估计结果,第(1)列到第(3)列是中介效应模型中 M1 的结果,出口质量与出口波动显著负相关,与国内波动显著正相关,与总产出波动显著正相关。第(4)列是中介效应模型中 M2 的结果,出口质量与出口强度显著正相关。第(5)列到第(7)列是中介效应模型中 M4 的结果,当控制了出口质量对出口波动(国内波动、总产出波动)的影响之后,中介变量出口强度与出口波动仍然显著负相关,与国内波动仍然显著正相关,与总产出波动显著正相关。结论与基准估计结果一致。

(四)解决异方差和截面相关

为了克服异方差和截面相关问题,本书进一步采用 Driscoll 和 Kraay(1998)的方法处理模型,表 4-13 报告了估计结果,其中显著性与基准估计结果一致,估计系数的大小也与基准估计结果基本一致。只有出口质量与出口强度的系数比基准估计结果更大,说明解决了异方差和截面相关的问题之后,出口质量与出口强度的正相关关系更大。

第三节　拓展性分析——出口质量二元边际对总产出波动的影响

本书在第三章对出口产品质量进行了二元动态分解,出口质量的演变由两个部分组成:集约边际(持续出口产品效应)和扩展边际(新进/退出产品效应)。因此,我们进一步分别考察企业的持续出口产品质量($quality\_c$)、新进产品质量($quality\_j$)和退出产品质量($quality\_t$)对企业出口波动、国内波动和总产出波动的影响。

表 4-14 报告了估计结果:对于持续出口产品,出口质量与出口波动显著负相关,与国内波动显著正相关,与总产出波动正相关但不显著;对于新进出口产品,出口质量与出口波动和总产出波动均显著正相关;对于退出出口产品,出口质量与出口波动和总产出波动也都显著正相关。结果说明,持续出口产品的质量越高,出口波动越小,持续出口产品质量的提升能够起到抑制出口波动的作用。新进产品的质量越高,出口波动和总产出波动越高,可能是因为新产品的创新效应加剧了波动。退出产品的质量越高,出口波动和总产出波动越高,这个结果可能的原因是市场的错配效应,高质量产品的退出引起市场的动荡,进而影响到产出波动。

表 4-11 稳健性分析：采用 2008—2013 年样本的估计结果

	vol_f	vol_h	vol	intens	vol_f	vol_h	vol
	(1)	(2)	(3)	(4)	(5)	(6)	(7)
quality	-0.220***	0.298***	0.137***	0.568***	-0.190***	0.126***	0.091***
	(-7.99)	(7.57)	(4.78)	(10.78)	(-6.93)	(3.53)	(3.18)
intens					-0.054***	0.309***	0.073***
					(-18.79)	(95.06)	(27.19)
grate_f	-0.193***				-0.302***		
	(-17.36)				(-24.15)		
grate_h		-0.174***				-0.177***	
		(-20.50)				(-23.05)	
grate			0.569***				0.675***
			(33.30)				(38.84)
lnlp	0.099***	-0.180***	-0.068***	-0.480***	0.080***	-0.034***	-0.028***
	(22.74)	(-28.78)	(-14.82)	(-57.97)	(17.89)	(-5.74)	(-5.74)
lnasset	0.111***	-0.071***	0.001	-0.213***	0.100***	-0.009	0.017***
	(22.86)	(-9.99)	(0.29)	(-22.85)	(20.44)	(-1.33)	(3.38)

续表

	vol_f (1)	vol_h (2)	vol (3)	intens (4)	vol_f (5)	vol_h (6)	vol (7)
lnemployment	-0.206***	0.045***	-0.008	0.099***	-0.201***	0.018**	-0.012**
	(-37.71)	(5.69)	(-1.32)	(9.49)	(-36.88)	(2.55)	(-2.12)
Lncapitalint	-0.023***	0.020***	0.022***	0.265***	-0.016***	-0.056***	0.002
	(-6.58)	(4.03)	(6.05)	(40.07)	(-4.57)	(-12.09)	(0.66)
leverageratio	-0.068***	-0.417***	-0.347***	-0.698***	-0.087***	-0.184***	-0.304***
	(-8.68)	(-37.94)	(-43.54)	(-48.14)	(-11.04)	(-17.93)	(-37.61)
lnage	-0.027***	0.009	0.004	0.001	-0.033***	0.009	0.009
	(-4.71)	(1.09)	(0.69)	(0.07)	(-5.74)	(1.27)	(1.47)
行业*省份固定效应	是	是	是	是	是	是	是
所有制固定效应	是	是	是	是	是	是	是
N	42,374	40,410	42,374	42,355	42,355	40,391	42,355
adj. R²	0.136	0.166	0.105	0.289	0.143	0.319	0.120

表 4-12　稳健性分析：残差法测算波动

	vol_f (1)	vol_h (2)	vol (3)	intens (4)	vol_f (5)	vol_h (6)	vol (7)
quality	-0.474**	0.445***	0.185***	0.574***	-0.445**	0.390***	0.180***
	(-2.23)	(3.41)	(4.46)	(8.13)	(-2.09)	(2.99)	(4.32)
intens					-0.128***	0.081***	0.011*
					(-4.51)	(5.17)	(1.86)
grate_f	-0.292***				-0.415***		
	(-5.59)				(-7.05)		
grate_h		-0.002				-0.037*	
		(-0.10)				(-1.74)	
grate			-0.196***				-0.194***
			(-8.23)				(-8.14)
lntfp	-0.026	-0.027	-0.027	0.036	-0.021	-0.030	-0.027
	(-0.32)	(-0.46)	(-0.90)	(1.28)	(-0.25)	(-0.51)	(-0.88)
lnasset	-0.177***	-0.007	-0.016*	0.018	-0.186***	-0.013	-0.014
	(-4.52)	(-0.24)	(-1.81)	(1.35)	(-4.73)	(-0.44)	(-1.54)

续表

	vol_f	vol_h	vol	intens	vol_f	vol_h	vol
	(1)	(2)	(3)	(4)	(5)	(6)	(7)
lnemployment	-0.331***	-0.017	-0.073***	0.032**	-0.338***	-0.022	-0.075***
	(-7.54)	(-0.52)	(-8.03)	(2.21)	(-7.69)	(-0.68)	(-8.14)
lnwage	-0.142***	0.001	-0.115***	-0.014	-0.150***	0.001	-0.113***
	(-4.33)	(0.03)	(-10.00)	(-1.25)	(-4.58)	(0.03)	(-9.87)
Lncapitalint	-0.086***	-0.032	-0.008	0.015	-0.082***	-0.033	-0.008
	(-2.96)	(-1.48)	(-1.16)	(1.56)	(-2.82)	(-1.52)	(-1.16)
leverageratio	0.359***	-0.016	0.113***	-0.020	0.356***	-0.017	0.113***
	(4.52)	(-0.26)	(5.52)	(-0.77)	(4.49)	(-0.28)	(5.53)
lnage	-44.668***	-10.893**	-17.464***	-10.891***	-45.243***	-10.333**	-17.188***
	(-5.92)	(-2.36)	(-12.73)	(-4.34)	(-6.00)	(-2.24)	(-12.46)
行业*省份固定效应	是	是	是	是	是	是	是
所有制固定效应	是	是	是	是	是	是	是
N	21,107	12,563	24,696	21,115	21,107	12,563	24,696
adj. R^2	0.283	0.694	0.063	0.847	0.284	0.695	0.063

表 4-13 稳健性分析：解决异方差和截面相关

	vol_f	vol_h	vol	intens	vol_f	vol_h	vol
	(1)	(2)	(3)	(4)	(5)	(6)	(7)
quality	-0.465**	0.774***	0.190***	0.744***	-0.437**	0.448***	0.171***
	(-2.13)	(14.03)	(5.38)	(17.92)	(-2.00)	(8.55)	(4.83)
intens					-0.123***	0.362***	0.027***
					(-3.22)	(48.50)	(4.73)
grate_f	-0.290***				-0.409***		
	(-4.75)				(-6.37)		
grate_h		-0.124***				-0.244***	
		(-6.26)				(-12.97)	
grate			-0.160***				-0.151***
			(-6.52)				(-6.12)
lntfp	-0.029	-0.028	-0.016	-0.047	-0.024	0.004	-0.015
	(-0.34)	(-0.56)	(-0.52)	(-1.34)	(-0.28)	(0.09)	(-0.49)
lnasset	-0.177***	-0.194***	-0.017*	-0.264***	-0.185***	-0.089***	-0.010
	(-4.43)	(-12.91)	(-1.90)	(-25.77)	(-4.62)	(-6.30)	(-1.09)

续表

	vol_f	vol_h	vol	$intens$	vol_f	vol_h	vol
	(1)	(2)	(3)	(4)	(5)	(6)	(7)
$lnemployment$	−0.333***	0.078***	−0.056***	0.178***	−0.340***	0.004	−0.060***
	(−7.40)	(5.03)	(−6.14)	(17.02)	(−7.54)	(0.28)	(−6.62)
$lnwage$	−0.140***	−0.160***	−0.123***	−0.141***	−0.148***	−0.120***	−0.119***
	(−4.36)	(−9.05)	(−11.19)	(−10.77)	(−4.61)	(−7.34)	(−10.81)
$Lncapitalint$	−0.087***	−0.037***	−0.026***	−0.045***	−0.083***	−0.025**	−0.025***
	(−2.91)	(−3.07)	(−3.72)	(−5.61)	(−2.79)	(−2.25)	(−3.58)
$leverageratio$	0.362***	0.175***	0.070***	−0.086***	0.358***	0.175***	0.072***
	(4.53)	(5.00)	(3.47)	(−3.88)	(4.49)	(5.34)	(3.57)
$lnage$	−44.840***	−35.999***	−19.336***	−34.643***	−45.375***	−24.145***	−18.353***
	(−5.50)	(−18.24)	(−14.37)	(−19.46)	(−5.61)	(−13.07)	(−13.49)
行业＊省份固定效应	是	是	是	是	是	是	是
所有制固定效应	是	是	是	是	是	是	是
N	24,699	15,293	24,706	24,706	24,699	15,293	24,706
adj. R^2	0.019	0.127	0.039	0.185	0.020	0.241	0.040

表 4-14 出口质量的二元边际影响企业波动的估计结果

	持续出口产品			新进产品			退出产品		
	vol_f	vol_h	vol	vol_f	vol_h	vol	vol_f	vol_h	vol
	(1)	(2)	(3)	(4)	(5)	(6)	(7)	(8)	(9)
$quality\_c$	−0.526**	0.327***	0.046						
	(−2.04)	(4.66)	(1.00)						
$quality\_j$				0.243***	0.067	0.190***			
				(2.58)	(0.89)	(3.75)			
$quality\_t$							0.185**	0.073	0.095**
							(2.21)	(1.03)	(1.99)
$lntfp$	−0.044	−0.018	0.016	−0.034	−0.010	0.014	−0.109**	−0.029	−0.002
	(−0.50)	(−0.38)	(0.52)	(−0.56)	(−0.21)	(0.43)	(−1.99)	(−0.63)	(−0.06)
$lnasset$	−0.174***	−0.183***	−0.023**	0.037**	−0.151***	−0.018*	0.051***	−0.164***	−0.018*
	(−4.30)	(−12.26)	(−2.49)	(2.03)	(−9.74)	(−1.83)	(3.07)	(−11.09)	(−1.93)
$lnemployment$	−0.253***	0.065***	−0.049***	−0.153***	0.021	−0.065***	−0.154***	0.034**	−0.063***
	(−5.52)	(4.23)	(−5.11)	(−8.10)	(1.34)	(−6.38)	(−9.02)	(2.22)	(−6.43)
$lnwage$	−0.114***	−0.173***	−0.095***	−0.095***	−0.138***	−0.117***	−0.111***	−0.143***	−0.100***
	(−3.36)	(−9.90)	(−8.41)	(−4.27)	(−7.51)	(−9.73)	(−5.51)	(−8.20)	(−8.71)

续表

	持续出口产品			新进产品			退出产品		
	vol_f	vol_h	vol	vol_f	vol_h	vol	vol_f	vol_h	vol
	(1)	(2)	(3)	(4)	(5)	(6)	(7)	(8)	(9)
$Lncapitalint$	−0.055*	−0.005	−0.011	−0.008	−0.020	−0.008	−0.013	−0.021*	−0.014*
	(−1.81)	(−0.39)	(−1.53)	(−0.58)	(−1.62)	(−1.01)	(−0.96)	(−1.84)	(−1.91)
$leverageratio$	0.375***	0.030	0.102***	0.201***	0.003	0.104***	0.192***	0.009	0.104***
	(4.59)	(0.93)	(4.88)	(4.84)	(0.08)	(4.63)	(5.14)	(0.28)	(4.88)
$lnage$	−49.593***	−36.087***	−16.845***	−9.685***	−29.799***	−15.799***	−10.361***	−31.563***	−15.820***
	(−6.20)	(−16.85)	(−11.46)	(−3.52)	(−13.77)	(−10.64)	(−4.15)	(−15.36)	(−11.10)
行业＊省份固定效应	是	是	是	是	是	是	是	是	是
所有制固定效应	是	是	是	是	是	是	是	是	是
N	19,481	15,964	21,655	18,334	13,952	18,336	20,987	15,714	20,989
adj. R^2	0.262	0.245	0.055	0.023	0.243	0.064	0.028	0.255	0.059

第四节　本章小结

本章利用 2000—2013 年中国海关数据库和工业企业数据库，采用 Baron 和 Kenny (1986) 的中介效应模型，验证了第二章理论机制中有关出口强度效应的命题 1 和命题 2，即对于有内外销售市场并且连续出口的企业，出口质量的提升通过出口强度的增加抑制了出口波动，加剧了国内波动。当企业出口强度小于 (大于) 门槛值，出口质量的提升降低 (加剧) 了总产出波动。

为了更细致地研究和更好地理解出口质量提升对产出波动的影响，本书将产出波动分解为出口波动与国内波动，分别检验出口质量对出口波动与国内波动的影响，进而检验出口质量对总产出波动的影响。并且在拓展性分析中进一步检验了出口质量的集约边际和扩展边际分别对产出波动的影响。以往对微观企业波动的研究一般采用截面模型，本章将每 5 年窗口截面数据整合为面板数据，采用面板固定效应模型。同时采用系统 GMM 的方法缓解中介效应模型的内生性问题，在换用 2008—2013 年样本、采用残差法测算波动、克服异方差和截面相关问题之后，核心结论并没有发生变化。

实证检验得出以下结论：第一，出口质量升级能够降低出口波动，但是没有起到降低国内波动的作用；第二，出口强度是出口质量影响出口波动、国内波动和总产出波动的部分中介效应。对总产出波动的影响，出口强度有门槛效应，当出口强度小于 0.411 时，出口质量的提升能够起到降低总产出波动的作用；第三，对于不同类型企业，加工贸易企业出口质量的提升可以降低出口波动，资本和技术密集型企业出口质量的提升加剧了国内波动和总产出波动；第四，持续出口产品质量的提升能够起到抑制出口波动的作用，新进和退出产品质量的提升均加剧了出口波动和总产出波动。

第五章　出口质量提升对产出波动的影响：技术和市场效应的检验

本章对第二章理论机制中的技术和市场效应（包括命题3-命题6）进行检验。技术效应主要考察中间投入的多样化和人力资本因素，市场效应主要考察供给侧多样化效应和需求侧收入效应。然后进一步对企业异质性中的不同贸易方式、不同所有制和不同技术水平进行检验，发现不同异质性企业表现出的不同规律。最后进行拓展性分析，考察金融危机期间出口质量对出口波动的影响。由于金融危机期间我国出口波动更加剧烈，不同于经济平稳发展阶段的表现，对这一特殊时期的考察，有利于我们进一步认识外部冲击对产出波动影响，以及探究国际贸易的高质量发展战略是否具有抵御冲击、降低波动的作用。

这一部分采用 Hausman 和 Hidalgo（2010）基于能力理论的反射法测算的产品内出口复杂度来衡量出口质量。Rodrik（2006）和 Schott（2008）指出产品内出口复杂度和产品间出口复杂度的区别，并指出产品内出口复杂度衡量的就是出口产品质量。国内外一些学者也采用出口产品技术复杂度度量出口质量升级（Zhu 和 Fu，2013；易先忠等，2017）。这种测算方法的内涵与本章要验证的理论机制更加一致。反射法测算的产品内出口复杂度从产品供给的视角理解出口质量，相同种类的产品由于有形和无形的投入不同，内含技术水平和人力资本等不同，具有不同的比较优势，因此具有不同的质量水平。在第三章技术效应的理论机制部分，我们也是用产品出口复杂度即中间投入（包括有形投入和无形投入）的多样化来衡量产品质量，进而推导出口质量和产出波动的关系，所以本章实证检验时也采用基于反射法测算的产品内出口复杂度衡量出口产品质量。并且 Maggioni D（2016）认为这种测算方法的吸引人之处在于它可以捕捉到产品所包含能力的各种不同特征，包括人力资本，技术水平，市场供需条件等，所以这一测算方法更加利于寻找产出波动的可能驱动因素。

第一节　模型设定与数据处理

一、模型设定

为了考察企业出口质量和产出波动的关系，在参考现有文献的基础上将基准计量模型设定如下：

$$V_{i,2006/2001} = \alpha + \beta K_{i,2000} + \omega X_{i,2001} + \gamma_j + \eta_r + \varepsilon_i \tag{5.1}$$

其中控制变量 $X_{i,2001}$ 的集合为:

$$X_{i,2001} = \omega_1 AG_{i,2006/2001} + \omega_2 AGE_{i,2006/2001} + \omega_3 SIZE_{i,2001} + \omega_4 LP_{i,2001} + \omega_5 WAGE_{i,2001}$$
$$+ \omega_6 IM_{i,2001} + \omega_7 INT_{i,2001} \tag{5.2}$$

其中,下标 i 表示企业。被解释变量 V_i 为企业的产出波动,解释变量 K_i 是企业的出口质量,X 是控制变量,γ 和 η 分别表示行业固定效应和地区固定效应,ε 表示随机扰动项。

二、指标选取

1. 企业的产出波动①。企业的产出用企业的产品销售收入衡量,用分行业生产者出厂价格指数平减产品销售收入。企业的产出波动用 2001—2006 年产出增长率的标准差的对数衡量(Giovanni 和 Levchenko,2012)。有关企业产出波动的微观文献都会采用 5 年或者稍微再长一点的时间段来计算波动,因为在这样的时间跨度内能收集到足够数量的企业样本数据。

2. 企业的出口质量②。本章采用 Hausman 等(2010)提出的基于能力理论的"反射法"测算产品内出口复杂度,用产品内出口复杂度来衡量出口质量。用"多样性"(Diversification)定义国家的复杂度,表示一个国家出口的具有显示性比较优势的产品数量;而用"普遍性"(Ubiquity)代表产品的复杂度,表示出口一种产品的国家的数量。这种方法吸引人之处有四点:首先,反射法测算的出口复杂度更能体现贸易竞争优势;其次,能够避免 Hausmann 等(2007)测算方法的偏差;第三,"反射法"中的迭代思想使出口复杂度的衡量更加精准,出口复杂度信息中还包含国家复杂度信息;第四,更加有利于寻找复杂性-波动性关系的可能驱动因素。"反射法"有它潜在的缺点,"能力"到底是什么?这种方法并没有测量。尽管如此,这种潜在的缺点使出口复杂度这一指标更具吸引力,因为它可以捕捉到能力的各种不同特征。

按照"反射法"计算出口复杂度分为三个步骤:首先,计算产品的显示性比较优势(RCA)。第二步在产品比较优势的基础上计算国家复杂度和出口复杂度的初始值 $K_{c,0}$ 和 $K_{p,0}$。$K_{c,0}$ 是国家的多样性,指一个国家生产产品种类的数量。$K_{p,0}$ 是产品的普遍性,指能够生产某种产品的国家数量。第三步是通过反复迭代国家信息和产品信息确定更加准确的出口复杂度。计算公式:

$$RCA_{cp} = \frac{x_{val_{cp}} / \sum x_{val_{cp}}}{\sum_c x_{val_{cp}} / \sum_p \sum_c x_{val_{cp}}} \tag{5.3}$$

RCA_{cp} 是一个国家出口一种产品的比较优势,其中,c 代表国家,p 代表产品,$x_{val_{cp}}$ 代

---

① 本节分析的时间段为 2000—2006 年,不包括 2009 年全球经济危机,这样可以避免在短面板分析中全球经济危机对出口质量与企业产出波动关系的影响(Turco 和 Maggioni,2014)。

② 本节企业样本时间跨度为 2000 年到 2006 年,为了减弱反相因果关系(Maggioni D,2016),我们选择测量了 2000 年的企业出口复杂度,2001 年到 2006 年企业的产出波动,其他的控制变量是 2001 年的。

表出口价值。

$$K_{c,\,0} = \sum_p \mathrm{d}_{RCAcp} \tag{5.4}$$

$$K_{p,\,0} = \sum_c \mathrm{d}_{RCAcp} \tag{5.5}$$

d_{RCAcp} 是 RCA_{cp} 的虚拟值，如果 $RCA_{cp} \geq 1$，表示该国具有生产或者出口该产品的能力，则 $d_{RCAcp} = 1$；否则，$d_{RCAcp} = 0$。

$$K_{c,\,n} = \frac{1}{K_{c,\,0}} \sum_p \mathrm{d}_{RCAcp} \times K_{p,\,n-1} \tag{5.6}$$

$$K_{p,\,n} = \frac{1}{K_{p,\,0}} \sum_c \mathrm{d}_{RCAcp} \times K_{c,\,n-1} \tag{5.7}$$

初始状态下的"国家多样性"$K_{c,\,0}$ 和"产品普遍性"$K_{p,\,0}$ 经过 n 次迭代得到包含产品信息的"国家多样性"$K_{c,\,n}$ 和包含国家信息的"产品普遍性"$K_{p,\,n}$。通过计算第 $n-1$ 次产品普遍性信息的平均值来校正"国家多样性"，类似的，通过计算第 $n-1$ 次国家多样性信息的平均值来校正"产品普遍性"。当第 n 次迭代得不到更多信息，出口复杂度和国家复杂度的排名稳定时，停止迭代。对于 $K_{c,\,n}$，偶数迭代更加精确地度量了国家多样性，而奇数迭代衡量了国家生产或出口产品的平均普遍性。类似地，对于 $K_{p,\,n}$，偶数迭代更加精确地度量了产品普遍性，而奇数迭代精确地衡量了产品出口国的多样性。产品普遍性的值越小，产品出口国多样性的值越大，出口复杂度越高。

本书利用 CEPII 数据库 BACI 中的进出口数据测量了 2000 年 216 个国家和地区出口的 1996 版 HS6 位编码下的 5111 种产品的复杂度。

$$K_{p,\,15}^{std} = \frac{K_{P,\,15} - K_{p,\,15}^{mean}}{K_{p,\,15}^{standard\,deviation}} \tag{5.8}$$

与之前文献不同，我们同时测算出奇数迭代和偶数迭代的结果，测算结果与"反射法"的理论相符。$K_{p,\,15}^{std}$ 是迭代 15 次标准化后的出口复杂度，代表产品出口国更精确的多样性，它的值越大，出口复杂度越高；$K_{p,\,16}^{std}$ 是迭代 16 次标准化的出口复杂度，代表产品更精确的普遍性，它的值越大，产品出口复杂度越低。

测算出 1996 年版 HS 六位编码下 5111 种产品的复杂度之后，我们利用产品的相关信息计算中国制造业企业的出口复杂度，见式(5.9)。

$$K_{it}^{w} = \sum_{p \in N_{it}^{exp}} K_{p,\,15} \times \frac{x_{ipt}}{\sum_{p \in N_{it}^{exp}} x_{ipt}} \tag{5.9}$$

其中，K_{it}^{w} 是企业加权出口复杂度，N_{it}^{exp} 是企业 i 在时间 t 出口产品的数量，X_{ipt} 是企业 i 在时间 t 出口产品的价值。

3. 控制变量的设定和说明。控制变量代表企业的特征(Vannoorenberghe、Wang 和 Yu，2016；Maggioni 等，2016)，控制这些特征对企业产出波动的影响：①AGX 表示企业产出的平均增长率，用 2001 年到 2006 年企业产品销售收入平均增长率的对数衡量；②AGE 表示企业出口额的平均增长率，用 2001 年到 2006 年企业出口额的平均增长率的对数衡量，出口额以 2000 年不变美元价格进行平减；③SIZE 表示企业规模，用企业职工人数的对数衡量；④LP 表示劳动生产率，用企业工业增加值除以职工人数的对数衡量；⑤WAGE 表示企业职工的工资，用平均工资的对数衡量；⑥IM 表示企业是否进口的虚拟变量，当企业有进口行为，IM 为 1，否则为 0；⑦INT 表示企业是否拥有无形资产的虚拟变量，无形资产是指软件、许可证、商标、版权、研发费用，当企业有无形资产，INT 为 1，否则为 0。

三、数据处理

本章研究使用的数据主要有三个来源：一是中国工业企业数据库；二是中国海关贸易数据库；三是 CEPII 的 BACI 数据库。借鉴 Brandt、Biesebroeck 和 Zhang（2012）的思路，将工业企业数据库匹配成为 10 年非平衡面板，保留了制造业样本（行业 2 位码 13—42），同时参照聂辉华、江艇和杨汝岱（2012）的做法，删除记录数据中不符合会计准则的观测值。然后采用田巍和余淼杰（2013）的两步匹配法将工业企业数据库和海关数据库合并起来，再根据模糊匹配原则剔除名称差异较大的企业。最终我们获得 2000—2006 年 78813 家企业出口数据，观测值总量 239992 个。第三套数据来自 CEPII 提供的 2000—2006 年 BACI（HS1996 版）双边贸易数据库，该数据详细记录了全球 216 个国家和地区的 5111 种 HS6 分位产品的双边贸易数量和金额，平均每年观测值达 500 万以上。基于这套产品层面高度细分的数据，我们能够更加精确地测算出产品的出口复杂度。由于 HS 六位码的协调版本不一致，本书根据联合国贸易统计司提供的 HS1996—HS2002 编码转换表将产品编码全部统一为 HS1996 版本①。表 5-1 报告了主要变量的描述性统计特征。

鉴于本节的研究重心是考察企业出口质量和产出波动的关系，我们研究的对象是以上两个数据库中成功匹配的出口企业，并且这些企业在 2000 年到 2006 年连续存在。在稳健性分析中，我们将选择全部成功匹配的出口企业作为研究对象，运用 Heckman 选择模型考虑企业的进退。

表 5-1　主要变量的描述性统计

变量	定义	样本	均值	标准差	最小值	最大值
VX	企业的产出波动	7146	−1.2928	0.735265	−4.02465	4.600498
K15	企业的出口质量	6313	−0.31663	0.984228	−2.81972	2.170103
AGX	企业产出的平均增长率	5876	−1.92737	1.117232	−9.44294	3.8006
AGE	企业出口额的平均增长率	4872	−1.37191	1.532327	−12.0511	11.21818
SIZE	企业的规模	7121	5.575264	1.146895	1.386294	10.64318

---

① 2000—2001 年海关产品采用 HS1996 版本，2002—2006 年海关产品采用 HS2002 版本，CEPII—BACI 采用 HS1996 版本。

续表

变量	定义	样本	均值	标准差	最小值	最大值
LP	企业的劳动生产率	7011	3.838545	1.136622	-1.96424	11.64348
WAGE	企业的平均工资	7021	2.483072	0.719372	-7.87626	5.826
IM	企业是否进口	7146	0.874195	0.331652	0	1
INT	企业是否拥有无形资产	7127	0.528133	0.499243	0	1

第二节　实证结果与分析

一、出口质量对产出波动的影响

表 5-2 报告了企业产出波动与出口质量关系的基准估计结果，其中前 3 列采用迭代 15 次计算得出的出口质量（K15）作为自变量，在第（1）列回归中只考虑出口质量（K15），第（2）列引入代表企业特征的控制变量，第（3）列是进一步控制了企业的行业效应和地区效应的完整回归结果。结果显示，出口质量的估计系数显著为负，表明出口质量的提高能抑制企业的产出波动。基于能力理论的反射法表明，出口复杂度初始值的奇数迭代精确衡量了产品出口国的多样性，偶数迭代精确度量了产品的普遍性。产品出口国多样性的值越大，产品普遍性的值越小，出口复杂度越高。依据该理论，为了增强估计结果的稳健性，基准估计结果中后 3 列采用迭代 16 次计算得出的出口复杂度（K16）作为自变量，估计结果表明企业产品的普遍性越低（即复杂度越高），企业产出波动越小。由此可见，出口复杂度（质量）的提升能够抑制我国制造业企业的产出波动。

在控制变量中，特别值得注意的是，企业产出平均增长率（AGX）和出口额平均增长率（AGE）与企业产出波动的关系显著为正，说明中国企业在 2000—2006 年并不是又快又稳地发展，发展速度越快产出波动越大。

表 5-2　出口质量与产出波动关系的基准估计结果

解释变量	VX					
	（1）	（2）	（3）	（4）	（5）	（6）
K15	-0.0516 *** (-5.71)	-0.106 *** (-9.88)	-0.0802 *** (-4.98)			
K16				0.0512 *** (5.82)	0.103 *** (9.88)	0.0797 *** (5.05)

续表

| 解释变量 | VX | | | | | |
	(1)	(2)	(3)	(4)	(5)	(6)
AGX		0.332 *** (20.29)	0.317 *** (30.68)		0.325 *** (31.79)	0.317 *** (30.69)
AGE		0.0153 * (1.82)	0.0197 ** (2.46)		0.0175 ** (2.20)	0.0198 ** (2.47)
SIZE		-0.0992 *** (-9.88)	-0.106 *** (-11.19)		-0.103 *** (-11.44)	-0.106 *** (-11.20)
LP		-0.0549 *** (-5.01)	-0.0510 *** (-4.55)		-0.0553 *** (-5.12)	-0.0508 *** (-4.52)
WAGE		-0.106 *** (-6.54)	-0.114 *** (-6.28)		-0.121 *** (-7.05)	-0.114 *** (-6.27)
INT		-0.0797 *** (-3.94)	-0.0676 *** (-3.44)		-0.0795 *** (-4.10)	-0.0675 *** (-3.44)
IM		0.0622 ** (2.13)	0.0458 (1.59)		0.0720 *** (2.65)	0.0458 (1.60)
常数项	-1.305 *** (-135.49)	0.365 *** (4.64)	0.546 *** (4.87)	-1.309 *** (-140.74)	0.399 *** (5.34)	0.550 *** (4.91)
R^2	0.005	0.291	0.317	0.005	0.293	0.317
行业效应	否	否	是	否	否	是
地区效应	否	否	是	否	否	是
N	6313	4078	4078	6313	4078	4078

注：圆括号内的值为 t 统计量；＊＊＊、＊＊和＊分别表示1%、5%和10%的显著性水平。

　　考虑到可能存在的内生性问题，一个企业的出口质量会影响其产出增长的稳定性，反过来，产出增长的稳定性又可以潜在地提升其出口质量。在基准估计中，为了减弱反相因果关系(Maggioni 等，2016)，我们选择测量了2000年的企业出口质量，2001年到2006年企业的产出波动，其他的控制变量是2001年的，2001年到2006年企业的产出波动不会影响到企业2000年的出口质量。出于研究完整性的考虑，我们又进一步使用历史工具变量克服内生性问题(Acemoglu，Johnson 和 Robinson，2001)。具体地，选择2000年的出口质量作为工具变量，因变量为2001年到2006年企业的产出波动，自变量为2001年的出口质量，然后进行两阶段最小二乘法(2SLS)估计，考虑到扰动项异方差的问题，同时进行广义矩估计(GMM)。我们首先采用 Durbin-Wu-Hausman 检验方法对出口质量的内生性做严格的检验,得到其检验统计量为2.80,伴随概率为0.09,表明在10%水平上拒绝"企业出口质量是外生"的原假设,印证了前文对于企业出口质量内生性的存在性所做的判断。表 5-3 显示了工具变量估计结果:第(1)列和第(2)列是两阶段最小二乘法(2SLS)的估计结果,第(3)列和第(4)列是广义矩估计(GMM)的估计结果。从中可以看出,不论是否加入控制变量,出口质量与企业产出波动的估计系数依然显著为负,与前文普通最小二乘回归结果完全一致。本节也对"遗漏变量"所导致的内生性问题作了有效控制,通过在计量模型中对企业异质性特征变量加以控制,以此避免可能存在的"遗漏变量"偏差。此外,为了保证工具变量的合理性,进一步做了以下检验:首先,采用 LM 统计量来检验未被包括的工具变量是否与内生变量相关,结果在1%显著性水平上拒绝了"工具变量识别不足"的原假设;其次,Wald rk F 统计量远远大于 Stock-Yogo 检验10%水平上的临界值16.38,因此拒绝工具变量是弱识别的假定。上述统计检验都表明所选取的工具变量具有合理性。

表 5-3　工具变量估计结果

解释变量	VX			
	2SLS		GMM	
	(1)	(2)	(3)	(4)
K15_2001	-0.0579***	-0.110***	-0.0579***	-0.110***
	(-6.24)	(-9.92)	(-6.24)	(-9.92)
控制变量	否	是	否	是
常数项	-1.309***	0.389***	-1.309***	0.389***
	(-140.03)	(5.13)	(-140.03)	(5.13)
Kleibergen-Paaprk LM 统计量	2964.29	1601.373	2964.29	1601.373
Kleibergen-Paaprk Wal F 统计量	[0.000]	[0.000]	[0.000]	[0.000]
	5.9e+04	3.4e+04	5.9e+04	3.4e+04
行业效应	{16.38}	{16.38}	{16.38}	{16.38}
	否	是	否	是
地区效应	否	是	否	是
R^2	0.006	0.293	0.006	0.293
N	6103	4021	6103	4021

注:①( )内数值为相应统计量的 t 值;[ ]内数值为相应统计量的 P 值;{ }内为 Stock-Yogo 检验10%水平上的临界值;② *、**和***分别表示10%,5%和1%的显著性水平。

二、企业异质性估计

以上分析主要针对总体样本企业，事实上不同类型制造业企业产出波动和出口质量的关系可能存在差异，为了更加全面的分析企业产出波动和出口质量的关系，我们把企业分为轻型制造业企业和重型制造业企业、一般贸易企业和加工贸易企业①、不同类型技术企业分别进行回归。对轻型制造业企业和重型制造业企业的估计结果分别报告在表5-4第（1）和第（2）列。从中可以看出，只有轻型制造业企业的产出波动与出口质量的关系显著为负，重型制造业企业的产出波动与出口质量的关系为负但不显著。这说明中国出口质量对制造业产出波动的抑制作用主要通过轻型制造业企业施加影响，这可能是因为中国在轻型制造行业上竞争优势更明显。对一般贸易企业与加工贸易企业的估计结果分别报告在第（3）和第（4）列。从中可以看出，一般贸易企业和加工贸易企业的产出波动与出口质量的关系均显著为负。对低中高技术企业的估计结果分别报告在第（5）、第（6）和第（7）列。从中可以看出，低中技术企业的产出波动与出口质量的关系均显著为负，高技术企业的产出波动与出口质量的关系为负但不显著，这与中国当前制造业企业的技术优势吻合。进一步的分类估计说明，2000—2006年我国轻工业企业和低中技术企业更具出口贸易优势，出口质量的提升可以抑制企业的产出波动。

表5-4　企业分类估计结果

解释变量	VX						
	（1）	（2）	（3）	（4）	（5）	（6）	（7）
K15	-0.0779^{***} (-3.84)	-0.0474 (-1.56)	-0.0810^{***} (-4.87)	-0.0743^{***} (-4.03)	-0.0888^{***} (-3.46)	-0.0851^{**} (-2.49)	-0.0456 (-1.44)
控制变量	是	是	是	是	是	是	是
常数项	0.441^{***} (3.09)	0.300 (1.15)	0.512^{***} (4.42)	0.614^{***} (5.03)	0.722^{***} (4.23)	0.0969 (0.26)	-0.219 (-1.15)
R^2	0.337	0.312	0.314	0.318	0.368	0.272	0.288
行业效应	是	是	是	是	是	是	是
地区效应	是	是	是	是	是	是	是
N	2540	1538	3989	3201	1555	813	1367

注：圆括号内的值为 t 统计量；$***$、$**$ 和 $*$ 分别表示 1%、5% 和 10% 的显著性水平。

---

① 根据钱学锋、王胜、陈勇兵（2013），将贸易方式为出口加工区进口设备、出料加工贸易、进料加工贸易、来料加工装配进口的设备以及来料加工装配贸易的企业归结为加工贸易企业，将贸易方式为边境小额贸易和一般贸易的企业归结为一般贸易企业。

三、机制检验

前文的研究表明我国制造业企业的产品出口质量越高，产出波动越小。那么，出口质量抑制产出波动背后的原因是什么呢？我们将进一步从市场要素和技术要素两个方面探讨这个问题。技术因素和市场因素是出口质量的驱动因素，这些因素又有稳定产出波动的作用。

市场因素包括供给和需求两方面。考虑供给方面，质量高的产品会产生更多的固定成本和沉没成本，由此形成市场进入壁垒，增加了市场集中度，从而稳定产品的产出。然后考虑需求方面，质量越高的产品普遍性越低，其需求和替代弹性就越小，受外部冲击的影响越小，因此产出波动越小。Kraay 和 Ventura（2007）预测更高的产品需求弹性而不是劳动力供给弹性驱动国家总体经济的波动。其次，质量越高的产品收入弹性越大。这些产品可能更多的被富裕国家的高收入群体消费，而这类消费者的收入波动较小①，从而使产品的产出更加稳定。

技术因素有两个，它们能够稳定产出波动。一个是复杂产品多样化的投入，质量高的产品需要更加多样化的投入，因而能够抵抗特殊的冲击，进而使产品的产出更加稳定（Krishna 和 Levchenko，2013）。另一个是人力资本密集度，生产中更多的投入通常需要更高的能力和更多的技术知识来协调生产过程（Becker 和 Murphy，1992）。更高的人力资本密集度使出口质量能发挥其稳定性作用，降低企业的产出波动（Costinot，2009；Krishna 和 Levchenko，2013；李小平、代智慧和彭书舟，2018）。

市场驱动因素指标：

1. 企业的产品替代弹性

$TDTX_i$ 是企业的产品替代弹性，i 代表企业，P_i 代表企业生产或者出口的产品，σ_p 代表产品的替代弹性。计算公式如下：

$$TDTX_i = \log\left[\frac{\sum_{P=1}^{P_i} \sigma_p}{P_i}\right] \tag{5.10}$$

2. 企业产品进口国的人均收入波动

DV_i 是企业产品进口国的人均收入波动，IV_c 是进口国收入波动，IM_c 是进口国总的进口额，IM_{CP} 是进口国进口某种产品的进口额，数据来源分别是 WITS-COMTRADE 数据库和 CEPII 的 BACI 数据库。计算公式如下：

$$DV_i = \frac{\sum_{p=1}^{P_i}\left[\sum_{c=1}^{C} IV_c \times \frac{IM_{cp}}{\sum_{c}^{C} IM_c}\right]}{P_i} \tag{5.11}$$

3. 企业的产品市场集中度

企业的市场集中度由企业出口产品的平均赫芬达尔指数代表（Fernandes、Freund 和

---

① 富裕的国家会消费质量更高的产品（Hallak，2006）。

Pierola, 2016)。SC_i 是企业的市场集中度，HF_p 是产品的赫芬达尔指数，数据来源是世界银行的 EDD 数据库。计算公式如下：

$$SC_i = \frac{\sum_{p=1}^{P_i} HF_p}{P_i} \tag{5.12}$$

技术因素指标：

1. 企业的产品中间投入的数量

INP_i 代表企业产品的投入数量，用企业生产产品的平均投入数量的对数衡量，$INPUT_p$ 是生产产品中间投入的数量，数据来源于 BEA US IO-Tables。计算公式如下：

$$INP_i = \log\left[\frac{\sum_{P=1}^{P_i} INPUT_p}{P_i}\right] \tag{5.13}$$

2. 企业产品的人力资本密集度

HC_i 代表企业人力资本密集度，用企业生产产品的平均人力资本额密集度衡量，HC_p^{std} 是标准化的产品人力资本密集度指数，数据来源于 Unctad Dataset of Revealed Factor Intensity Indices。计算公式如下：

$$HC_i = \frac{\sum_{P=1}^{P_i} HC_p^{std}}{P_i} \tag{5.14}$$

表 5-5 报告了出口质量驱动因素的估计结果。第(1)列只考虑了市场因素，第(2)列只考虑了技术因素，第(3)列同时考虑了市场因素和技术因素，第(4)列进一步控制了地区效应和行业效应，第(4)列括号里的是标准化后的回归系数。结果显示，产品替代弹性和产品进口国的人均收入波动与出口质量显著负相关，企业的市场集中度、产品的投入数量和企业人力资本密集度与出口质量显著正相关，结果与前文中的预想一致，市场因素和技术因素都是出口质量的驱动因素。需要特别关注的是，标准化回归系数说明人力资本因素是出口质量最主要的驱动因素。

表 5-5　出口质量的驱动因素检验

解释变量	K15			
	市场效应	技术效应	市场和技术效应	市场和技术效应
	（1）	（2）	（3）	（4）
TDTX	− 0.174*** （− 9.82）		− 0.0953*** （− 7.95）	− 0.0410*** （− 0.0260933） （− 3.77）
DV	− 0.818*** （− 19.22）		− 0.285*** （− 9.72）	− 0.244*** （− 0.0971243） （− 8.99）
SC	1.978*** （19.29）		0.914*** （12.91）	0.383*** （0.045323） （5.82）

续表

	K15			
	市场效应	技术效应	市场和技术效应	市场和技术效应
INP		0.0859** (2.22)	0.0547 (1.46)	0.0768** (0.0154039) (2.36)
HC		1.083*** (100.90)	0.952*** (79.57)	0.643*** (0.4675619) (49.07)
控制变量	是	是	是	是
行业效应	否	否	否	是
地区效应	否	否	否	是
N	6313	6313	6313	6313

注：圆括号内的值为 t 统计量；$***$、$**$ 和 $*$ 分别表示 1%、5% 和 10% 的显著性水平。

以上仅仅检验了出口质量的驱动因素，我们进一步考察出口质量抑制产出波动的驱动因素。为了检验上述可能驱动因素，我们将出口质量与产品人力资本密集度、产品替代弹性、产品需求波动、产品市场集中度和产品投入数量的交叉项都纳入模型中进行估计。在表 5-6 第（1）列回归中，出口质量与人力资本密集度的交叉项（K15 × HC）的估计系数显著为负，说明出口质量通过人力资本因素作用于企业产出波动，人力资本密集度的提高促进了出口质量的提升，进而抑制了企业的产出波动。第（2）列到第（5）列回归中，加入了其他可能驱动因素的交叉项，结果都不显著，这说明产品替代弹性、产品需求波动、产品市场集中度和产品的投入数量这四个因素虽然都是出口质量的驱动因素，但不是出口质量抑制企业产出波动的驱动因素。

表 5-6　出口质量与产出波动关系的驱动因素检验

	VX				
解释变量	（1）	（2）	（3）	（4）	（5）
K15	− 0.128*** (− 6.21)	− 0.116*** (− 3.86)	− 0.0997* (− 1.67)	− 0.147*** (− 3.58)	− 0.844* (− 1.69)
TDTX	0.0196 (1.18)	0.0164 (0.99)	0.0169 (1.01)	0.0165 (0.99)	0.0165 (0.99)
DV	− 0.0155 (− 0.54)	− 0.00238 (− 0.08)	− 0.00594 (− 0.21)	0.000344 (0.01)	− 0.00378 (− 0.13)
SC	− 0.0684 (− 0.64)	− 0.0310 (− 0.30)	− 0.0367 (− 0.35)	− 0.0186 (− 0.17)	− 0.00803 (− 0.08)

续表

解释变量	VX				
	（1）	（2）	（3）	（4）	（5）
INP	0.00126 （0.02）	－ 0.00117 （－ 0.02）	－ 0.00150 （－ 0.03）	－ 0.000125 （－ 0.00）	－ 0.109 （－ 1.18）
HC	－ 0.00491 （－ 0.16）	0.0211 （0.74）	0.0211 （0.74）	0.0223 （0.79）	0.0212 （0.75）
K15 × HC	－ 0.0428** （－ 2.41）				
K15 × TDTX		－ 0.00749 （－ 0.42）			
K15 × DV			－ 0.0156 （－ 0.45）		
K15 × SC				0.0544 （0.63）	
K15 × INP					0.149 （1.44）
控制变量	是	是	是	是	是
常数项	0.355 （1.26）	0.309 （1.06）	0.318 （1.10）	0.292 （0.99）	0.811* （1.85）
R²	0.281	0.279	0.279	0.279	0.280
行业效应	是	是	是	是	是
地区效应	是	是	是	是	是
N	6313	6313	6313	6313	6313

注：圆括号内的值为 t 统计量；＊＊＊、＊＊和＊分别表示1%、5%和10%的显著性水平。

我们进一步借鉴 Maggioni 等（2016）的思路进行驱动因素检验的稳健性分析，估计结果见表5-7。第（1）列和第（2）列只考虑了市场因素，第（3）列和第（4）列只考虑了技术因素，第（5）列和第（6）列同时考虑了市场因素和技术因素。第（5）列同时考虑了市场因素和技术因素，只有技术因素中的人力资本密集度与我国企业产出波动显著负相关。第（6）列在第（5）列的基础上加入了出口质量后，之前与企业产出波动显著负相关的人力资本密集度不再显著，出口质量吸收了人力资本密集度对产出波动的影响。说明只有人力资本密集度是企业产出波动与出口质量负向关系的驱动因素。

表 5-7 出口质量与产出波动关系的驱动因素稳健性检验

解释变量	VX					
	市场效应		技术效应		市场和技术效应	
	（1）	（2）	（3）	（4）	（5）	（6）
K15		−0.0970***		−0.0877***		−0.104***
		（−5.25）		（−4.03）		（−4.46）
TDTX	0.0295*	0.0266			0.0291	0.0236
	（1.66）	（1.51）			（1.62）	（1.32）
DV	−0.0487	−0.0496			−0.0461	−0.0467
	（−1.55）	（−1.59）			（−1.46）	（−1.49）
SC	−0.0330	0.0390			0.00912	0.0532
	（−0.30）	（0.35）			（0.08）	（0.46）
INP			−0.0147	−0.0183	−0.0188	−0.0237
			（−0.28）	（−0.33）	（−0.35）	（−0.42）
HC			−0.0567**	0.00651	−0.0579**	0.0133
			（−2.54）	（0.23）	（−2.40）	（0.45）
控制变量	是	是	是	是	是	是
常数项	0.577***	0.489***	0.564**	0.556*	0.621**	0.600**
	（4.37）	（3.70）	（2.00）	（1.92）	（2.15）	（2.01）
R²	0.297	0.303	0.307	0.310	0.300	0.304
行业效应	是	是	是	是	是	是
地区效应	是	是	是	是	是	是
N	6313	6313	6313	6313	6313	6313

注：圆括号内的值为 t 统计量；＊＊＊、＊＊和＊分别表示 1%、5% 和 10% 的显著性水平。

四、稳健性检验

（一）样本选择性偏差

在前文的分析中，企业产出波动用 6 年期年增长率的标准差衡量，而倒闭退出企业会造成产出波动值缺失。如果仅使用持续存在的企业作为样本，会存在样本选择偏误，因为破产和退出的企业可能波动性更大。因此，我们采用 Heckman(1979) 选择模型对样本选择偏差进行处理，同时考虑企业产出波动和企业持续存在，具体模型为：

$$Vol_{it} = \begin{cases} Vol_{it}^* & \text{若 } Dur_{it} = 1 \\ \text{不可观测} & \text{若 } Dur_{it} = 0 \end{cases} \quad (5.15)$$

其中，Vol_{it} 表示企业 i 的产出波动，Dur_{it} 表示企业是否持续存在，Dur_{it} 是一个虚拟变量，企业持续存在时为 1，否则为 0。

$$Dur_{it} = \begin{cases} 1 & \text{若 } Dur_{it}^* > 1 \\ 0 & \text{若 } Dur_{it}^* \leq 0 \end{cases} \quad (5.16)$$

企业持续存在的模型为：

$$Dur_{it}^* = \theta_1 K_{it} + \beta Z_{it} + \mu_{it} \quad (5.17)$$

企业产出波动的模型为：

$$Vol_{it}^* = \theta_1 K_{it} + \alpha X_{it} + \nu_{it} \quad (5.18)$$

其中，K_{it} 是企业的出口质量，Z_{it} 和 X_{it} 是表示企业特征的控制变量，Z_{it} 中含有工具变量是否国有企业（SFGY），μ_{it} 和 ν_{it} 分别表示式（5.17）和式（5.18）的随机扰动项。如果 Millsratio 的估计系数显著不为 0，则表明样本存在选择性偏差。

表 5-8 报告了 Heckman 模型的估计结果。结果表明，无论是奇数迭代还是偶数迭代，出口质量更高的企业更倾向持续存在，产出波动更小。Millsratio 的估计系数显著不为 0，表明样本存在选择性偏差。由此可见，尽管样本存在一定的选择性偏差，但并未对本书的核心结论产生实质性的影响。

表 5-8　Heckman 模型估计结果

解释变量	Vol			
	持续存在	产出波动	持续存在	产出波动
	（1）	（2）	（3）	（4）
K15	0.128*** (8.54)	−0.120*** (−9.28)		
K16			−0.127*** (−8.55)	0.120*** (9.41)
控制变量	是	是	是	是
SFGY	−1.080*** (−14.25)		−1.083*** (−14.29)	
常数项	−1.692*** (−18.48)	0.552*** (2.93)	−1.690*** (−18.45)	0.538*** (2.87)
Mills	−0.210** (−2.17)		−0.204** (−2.11)	
N	8267	8267	8267	8267

注：圆括号内的值为 z 统计量；***、** 和 * 分别表示 1%、5% 和 10% 的显著性水平。

(二)企业出口质量的其他测算方法

在前文，我们主要采用 Hausmann 等(2010)方法测算出口质量。Tacchella 等(2013)在反射法的基础上，提出了计算出口质量的改进方法。改进后的方法更能够反映能力理论的本质含义，意思表达更加明确(李小平等，2015)。为了稳健起见，这里进一步采用 Tacchella 等(2013)的方法重新测算了出口质量，得到新的企业出口质量指标 QP。以 QP 为自变量的估计结果报告在表 5-9，结果显示，企业出口质量的估计系数依然显著为负，本书核心结论并不随着企业出口质量测算方法的改变而变化。

表 5-9　稳健性分析：Tacchella 等(2013)方法测算出口质量

解释变量	VX	
	(1)	(2)
QP	-0.0130^{**}	-0.0153^{**}
	(-2.26)	(-2.45)
控制变量	否	是
常数项	-1.324^{***}	0.484^{***}
	(-108.37)	(6.56)
R^2	0.001	0.268
N	6313	4078

注：圆括号内的值为 t 统计量；$***$、$**$ 和 $*$ 分别表示 1%、5% 和 10% 的显著性水平。

(三)企业产出波动的其他度量指标

在前文，我们主要采用企业的产品销售额来衡量企业的产出。但是，企业产出还有其他的衡量指标，为了稳健起见，这里进一步采用企业工业总产值(VC)和企业工业增加值(VZ)来衡量企业产出。估计结果报告在表 5-10，出口质量的估计系数依然显著为负。

表 5-10　稳健性检验：企业产出波动的其他度量指标

解释变量	VX		VC		VZ	
	(1)	(2)	(3)	(4)	(5)	(6)
K15	-0.115^{***}	-0.0852^{***}	-0.0862^{***}	-0.0605^{***}	-0.0216^{**}	-0.0268^{**}
	(-10.46)	(-7.37)	(-7.84)	(-5.24)	(-2.11)	(-2.46)
控制变量	否	是	否	是	否	是

续表

解释变量	VX		VC		VZ	
	（1）	（2）	（3）	（4）	（5）	（6）
常数项	-0.997*** （-54.74）	-0.0678 （-0.81）	-0.943*** （-52.00）	-0.0206 （-0.25）	0.293*** （17.33）	0.601*** （7.66）
R²	0.111	0.151	0.130	0.165	0.582	0.587
N	3925	3862	3925	3862	3925	3862

注：圆括号内的值为 t 统计量；***、** 和 * 分别表示 1%、5% 和 10% 的显著性水平。

第三节　拓展性分析——金融危机期间出口质量对出口波动的影响

近 30 年来，全球各种区域性金融危机频繁爆发，特别是 2007 年发端于美国的全球金融危机引起了自"二战"以来最为严重的贸易崩溃，金融危机发生前 2001—2006 年我国出口平均增长率为 25.82%，增长率的标准差为 10.50，金融危机发生后 2007—2012 年我国出口平均增长率为 14.30%，增长率的标准差为 17.00，出口波动加剧了 61.90%。该轮金融危机后"逆全球化"思潮泛滥，国际经贸关系更加复杂，"稳出口"成为保证中国经济稳定增长的当务之急。

解释"中国贸易增长之谜"的研究较多，而对贸易波动问题的研究较少。已有文献认为出口波动的主要原因是需求端的冲击（Munch 和 Nguyen，2014），危机冲击造成需求疲软，进而导致贸易萎缩。危机期间贸易保护主义的加强也是导致贸易下滑的重要因素之一，Bown 和 Crowley（2007）对贸易波动进行研究，发现贸易衰退一般都会受到贸易保护主义的影响，在危机冲击期间尤为明显。Bown（2009）对全球金融危机期间的贸易保护进行调查分析，认为美国经济刺激方案、法国对其汽车行业的援助、欧盟贸易规则的变化等都表明贸易保护主义在全球范围内蔓延，这必将会严重影响全球贸易的发展。

对于企业而言，该如何抵御各种外部冲击稳定出口增长呢？Vannoorenberghe 等（2016）基于中国企业 2000—2006 年的微观出口数据研究出口多样化与出口波动的关系，认为规模大的企业可以通过多样化分散风险降低波动，而对规模较小的企业结果相反。张冀、孙浦阳（2017）基于网络结构理论和异质性分析框架，检验了企业的需求网络结构对出口销售波动的影响，并使用中国海关 2000—2006 年"企业—产品—目的地"层面的出口数据，从产品特征和销售策略两个角度刻画出口企业面临的需求分布结构特征，验证了低需求网络集中度企业的高风险分散能力，能够有效缓解其出口销售波动。

到目前为止，尚未有文献从出口质量的视角出发研究出口波动问题。国内外学者主要研究了出口质量对贸易增长的影响（Hummels 和 Klenow，2005；刘瑶和丁妍，2015；李小平等，2015；廖涵和谢靖，2018）。一些学者从出口复杂度的视角出发研究其对经济波动的影响。Krishna 和 Levchenko(2013)从行业层面尝试探究出口复杂度与经济波动的关系，认为欠发达国家产出波动更大，原因在于这些国家主要生产或者出口复杂度较低的产品。Maggioni 等(2016)使用 2003—2008 年土耳其的企业微观数据，未考虑金融危机这一时间段，发现产品复杂度较高的企业产出波动较小。

在经济正常发展和经济危机两种情况下，出口质量与出口波动的关系可能会有所不同，没有危机冲击时，出口波动较小，出口高质量产品的企业出口增长更加稳定，当有危机冲击时，出口波动加剧，出口高质量产品的企业抵御风险的能力是否更强？出口波动是否会更小呢？因此，在本章的拓展性分析中将研究的时间段确定为 2006—2011 年①金融危机期间，重点关注危机冲击时的出口波动问题，这对于通过国际贸易的高质量发展战略抵御冲击缓解贸易波动进而减少总产出波动有重要的理论意义和实践指导价值。

一、模型设定

为了检验出口质量对出口波动的影响，本节使用 Baron 和 Kenny(1986)的中介效应模型。中介效应模型可以分析自变量影响因变量的作用机制，能够得到更深入的结果(温忠麟，2014)，近年来在研究影响机制的文献中得到了广泛应用(范洪敏和穆怀，2017；彭晖等，2017)。本书使用的中介效应模型共包含 4 个方程(M1-M4)，M1 用于检验企业出口质量对出口波动的影响。

$$vol\_e_{i,2011/2007} = \alpha_1 + \beta_1 quality_{i,2006} + \omega_1 x_{i,2007} + \gamma_1 + \eta_1 + \varepsilon_1 \tag{5.19}$$

M2 用于检验中介变量对出口波动的影响。

$$vol\_e_{i,2011/2007} = \alpha_2 + \beta_2 m_{i,2006} + \omega_2 x_{i,2007} + \gamma_2 + \eta_2 + \varepsilon_2 \tag{5.20}$$

M3 用于检验出口质量对中介变量的影响。

$$m_{i,2006} = \alpha_3 + \beta_3 quality_{i,2006} + \omega_3 x_{i,2007} + \gamma_3 + \eta_3 + \varepsilon_3 \tag{5.21}$$

M4 用于检验控制了出口质量的影响后，中介变量对出口波动的效应。

$$vol\_e_{i,2011/2007} = \alpha_4 + \beta_{41} quality_{i,2006} + \beta_{42} m_{i,2006} + \omega_4 x_{i,2007} + \gamma_4 + \eta_4 + \varepsilon_4 \tag{5.22}$$

其中，下标 i 表示企业。vol_e_i 是企业的出口销售波动，$quality_i$ 是企业的出口质量，m_i 是中介变量，x_i 是控制变量，为了避免遗漏变量造成的估计偏差，控制了行业固定效应 γ 和地区固定效应 η，ε 表示随机扰动项。此外，为了减弱反向因果关系，对模型中的出口质量和中介变量采取滞后 1 期的处理方法。

二、指标选取

1. 企业的出口波动。用企业出口增长率的方差来衡量企业的出口波动：

$$vol_i = \sum_t \left(g_{it} - \frac{1}{T} \sum_t g_{it} \right)^2 \tag{5.23}$$

---

① 虽然本轮全球金融危机开始于 2007 年美国次贷危机，但是本书选择样本的时间跨度从 2006 年开始，因为美国次贷危机从 2006 年逐步显现，2007 年席卷美国、欧盟和日本等世界主要金融市场，同时为了更完整地研究金融危机期间的出口波动问题，适当扩宽了样本的时间跨度。

其中，g_{it} 表示企业出口额 x_{it} 的中点增长率，与普通增长率相比，中点增长率具有对称性和有界性的优点（Vannoorenberghe，2016）。其计算方法为：

$$g_{it} = \frac{x_{it} - x_{i,t-1}}{(x_{it} + x_{i,t-1})/2} \tag{5.24}$$

2. 企业的出口质量。在第三章出口质量测算部分已经详细阐述了企业出口质量的测算方法，这里不再赘述。

图 5-1 为 2006—2011 年中国制造业企业出口质量变化趋势①，具有如下特点：（1）整体上我国制造业企业出口质量先下降后上升，在 2007 年下降到最低点，之后虽然缓慢上升，但是没有超过金融危机之前的水平；（2）不同技术水平行业的出口质量都呈现缓慢下降的趋势，高技术行业的出口质量下降的幅度最大，可能因为高技术行业的风险更大；（3）一般贸易企业出口质量没有呈现下降的趋势，加工贸易企业出口质量先下降后缓慢上升，金融危机对加工贸易企业出口质量的影响更大。

图 5-2 是我国制造业企业出口波动的核密度图，展现了出口质量与出口波动关系的特征事实，初步表明对于整体制造业企业、中低技术行业的企业、一般贸易企业和加工贸易企业，出口质量较高，出口波动较低。但是，对于高技术行业的企业这一关系不存在，对于这一现象，本书在之后的实证分析中作了进一步的检验和说明。

3. 中介变量的设定和说明。根据前文中理论机制的分析，需求侧收入效应用两个变量衡量，一个是高收入国家在企业出口产品中的平均消费份额（cons_h），另一个是企业产品进口国的人均收入波动（vol_d），数据来源分别是 WITS-COMTRADE 数据库和 CEPII 的 BACI 数据库。供给侧多样化效应用企业的市场集中度衡量（herf），企业的市场集中度由企业出口产品的平均赫芬达尔指数估计，数据来源是世界银行的 EDD 数据库。计算公式如下：

$$con\_h = \frac{\sum_{p=1}^{p_i} \dfrac{HighIncomeEconomiesimports_p}{Worldsimports_p}}{P_i} \tag{5.25}$$

$$vol\_d = \frac{\sum_{P=1}^{P_i} \left[\sum_{C=1}^{C} IV_C \times \dfrac{IM_{C\,P}}{\sum_{C=1}^{C} IM_C} \right]}{P_i} \tag{5.26}$$

$$herf = \frac{\sum_{p=1}^{p_i} herf_p}{P_i} \tag{5.27}$$

4. 控制变量的设定和说明。首先，控制企业特征对出口波动和出口质量的影响（Maggioni 等，2016），企业特征包括：①出口增长率（growthrate）用 2007 年到 2011 年企业平均出口增长的绝对值表示，在出口市场上快速增长或萎缩的企业可能更加不稳定，因此控制

---

① 不同类型制造业企业出口质量的演进以及其和出口波动的关系可能不同，特别是不同技术水平行业中我国制造业企业的比较优势不同，同时我国加工贸易企业的比重较高，因此本书作了进一步分类研究。其中，高中低技术水平行业依据 SITC 的标准进行分类。

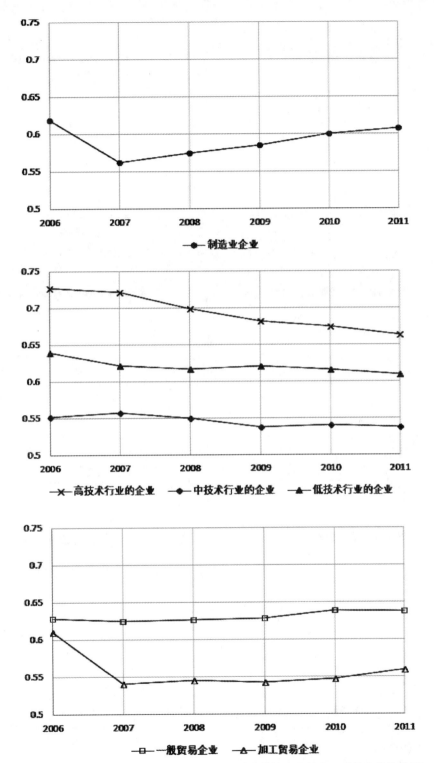

图 5-1 2006—2011 年总体制造业企业和不同异质性企业的出口质量变化趋势图

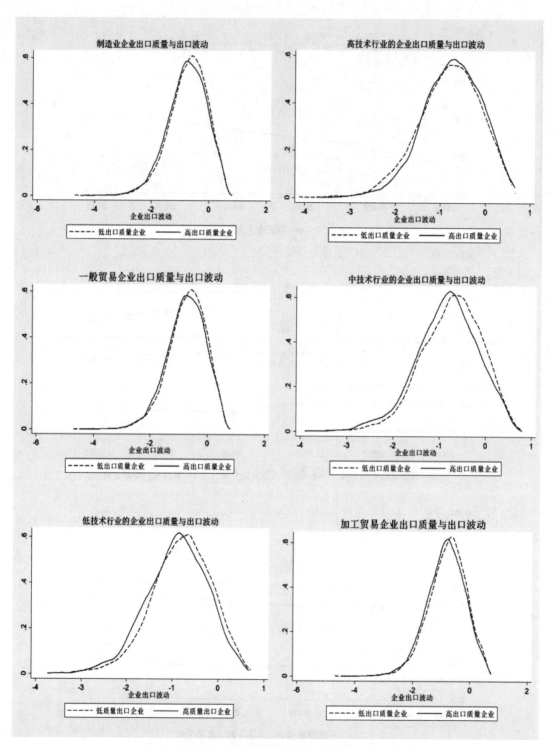

图 5-2 企业出口波动核密度图

该变量对出口波动的影响；②出口销售额（*lnsale*）用企业出口额的对数衡量；③资产（*lnassets*）用企业总资产的对数衡量；④职工人数（*lnemployment*）用企业总职工人数的对数衡量；⑤工资（*lnwage*）用企业平均职工工资的对数衡量；⑥杠杆率（*leverageratio*）用企业的资产负债率即企业总负债与总资产之比表示；⑦全要素生产率（*lntfp*）用拓展的 OP 半参数方法进行测算。生产率差异是异质企业贸易理论的起点，也是被文献最先关注的异质性维度，生产率差异对出口行为有着重要的影响。然后，用省份、行业和所有权的固定效应控制遗漏的区域、行业和所有权的特定影响。

三、数据处理

本书研究使用的数据主要有三个来源：一是中国海关贸易数据库；二是中国工业企业数据库；三是 CEPII 的 BACI 数据库。我们保留海关数据库 2006—2011 年连续出口的企业，获得 46025 家出口企业。由于海关数据库缺乏关于企业生产活动的信息，我们采用两步匹配法将海关数据库和工业企业数据库合并起来，再根据模糊匹配原则剔除名称差异较大的企业，最终我们获得 2006—2011 年 22906 家制造业企业出口数据。第三套数据来自 CEPII 提供的 2006—2011 年 BACI（HS2002 版）双边贸易数据库，该数据详细记录了全球 216 个国家和地区的 5111 种 HS8 分位产品的双边贸易数量和金额，平均每年观测值达 500 万以上。基于这套产品层面高度细分的数据，我们能够更加精确地测算出产品的出口质量。表 5-11 报告了主要变量的描述性统计特征。如果只使用海关数据，能够最大可能地保留样本，总共有 46025 家企业。但是海关数据库中缺少各种企业信息变量，还需要与工业企业数据库匹配，最终有 22906 家企业匹配成功。鉴于研究的严谨性，在以下实证分析中，同时报告只使用海关数据的估计结果和使用海关—工业企业匹配数据的估计结果。

四、基准实证结果与分析

我们首先检验了金融危机期间企业出口质量与出口波动的基本关系，表 5-12 报告了基准估计结果，其中前 2 列采用海关数据检验，第（3）列到第（6）列采用海关—工业企业匹配数据检验。在第（1）列和第（3）列回归中只考虑出口质量，第（4）列和第（5）列引入代表企业特征的控制变量，第（2）列和第（6）列是进一步控制了企业的所有权、行业效应和地区效应的完整回归结果。结果显示，出口质量与出口波动的关系显著为负，表明金融危机期间出口高质量产品的制造业企业出口波动较小，高质量战略能够一定程度抵御外部冲击进而起到抑制出口波动的作用。并且无论采用海关数据，还是采用海关—工业企业匹配数据，出口质量与出口波动负相关关系的系数相似。同时逐步加入企业特征控制变量、企业的所有权固定效应、行业固定效应和地区固定效应，出口质量与出口波动负相关关系的显著性和系数都比较稳定，说明计量模型中不存在遗漏变量问题。

表 5-11 主要变量的描述性统计（拓展性分析）

变量	定义	海关数据					海关-工业企业匹配数据				
		N	Mean	SD	Min	Max	N	Mean	SD	Min	Max
vol_e	企业的出口波动	46025	−0.740	0.660	−4.690	0.810	22906	−0.800	0.670	−4.120	0.800
quality	企业的出口质量	46025	0.530	0.120	0.230	0.840	22906	0.540	0.130	0.230	0.840
growthrate	企业的出口平均增长率	46025	0.630	2.040	−0.490	16.05	22906	0.530	1.710	−0.490	13.42
lnsale	企业的出口销售额						22906	10.80	1.290	5.330	19.05
lnasset	企业的总资产						22906	10.42	1.400	5.650	18.85
lnemployment	企业的职工人数						22906	5.350	1.090	2.080	12.15
lnwage	企业的平均工资						22906	2.950	0.510	−0.340	6.460
leverageratio	企业的杠杆率						22906	0.550	0.260	−0.120	5.250
lntfp	企业的全要素生产率						22874	1.400	0.260	−4.120	2.150

表 5-12 出口质量与出口波动关系的基准估计结果（拓展性分析）

	海关数据		海关-工业企业匹配数据			
	（1）	（2）	（3）	（4）	（5）	（6）
quality	−0.162*** (0.0248)	−0.101*** (0.0231)	−0.249*** (0.0348)	−0.153*** (0.0323)	−0.113*** (0.0324)	−0.138*** (0.0325)
growthrate		0.121*** (0.00141)		0.146*** (0.00239)	0.140*** (0.00238)	0.139*** (0.00238)
lnsale					−0.0285*** (0.00765)	−0.0315*** (0.00777)
lnasset					0.0838*** (0.00592)	0.0809*** (0.00602)
lnemployment					−0.103*** (0.00599)	−0.0998*** (0.00630)
lnwage					−0.0241*** (0.00918)	−0.0110 (0.00960)
leverageratio					0.104*** (0.0153)	0.108*** (0.0155)
lntfp					0.0807*** (0.0189)	0.0658*** (0.0189)
Constant	−0.658*** (0.0136)	−0.767*** (0.0127)	−0.667*** (0.0192)	−0.796*** (0.0179)	−0.926*** (0.0397)	−0.804*** (0.0528)
固定效应	否	是	否	否	否	是
Observations	46,025	46,025	22,906	22,906	22,874	22,874
R-squared	0.001	0.139	0.002	0.142	0.161	0.167

注：圆括号内的值为标准误；***、**和*分别表示1%、5%和10%的显著性水平。固定效应控制了行业、省份和所有权差异。下表同。

那么出口高质量的产品能够抑制出口波动背后的原因是什么呢？我们进一步运用中介效应模型检验两者之间关系的理论机制。根据温忠麟（2014）对中介效应模型的研究，如果需求侧收入效应和供给侧多样化效应起到中介效应的作用，则需满足以下条件：第一，自变量（出口质量）在统计上显著影响因变量（出口波动）；第二，中介变量在统计上显著影响因变量（出口波动）；第三，自变量（出口质量）在统计上显著影响中介变量；第四，在考虑了中介变量对因变量（出口波动）的影响后，自变量（出口质量）对因变量（出口波动）的影响如果不再显著，说明是完全中介效应，如果显著则需继续考察是否为部分中介效应。

表 5-13 汇报了中介效应模型的 OLS 估计结果。回归结果显示：企业出口质量与出口波动显著负相关（M1）；衡量需求侧收入效应的一个中介变量即高收入国家的消费份额（cons_h）与出口波动显著负相关，另一个中介变量即需求波动（vol_d）与出口波动显著正相关，衡量供给侧多样化效应的中介变量即市场集中度（herf）与出口波动显著正相关（M2）；出口质量与高收入国家的消费份额（cons_h）显著正相关，与需求波动（vol_d）显著负相关，与市场集中度（herf）显著负相关（M3）；当控制了出口质量对出口波动的影响之后，中介变量高收入国家的消费份额（cons_h）与出口波动仍然显著负相关，需求波动（vol_d）与出口波动仍然显著正相关，市场集中度（herf）与出口波动仍然显著正相关。同时出口质量与高收入国家的消费份额（cons_h）显著正相关，与需求波动（vol_d）显著负相关，与市场集中度（herf）显著负相关（M4）。因此，根据中介效应模型的工作原理，需求侧收入效应和供给侧多样化效应是部分中介效应①，中介效应占总效应的 49.3%②。以上结果表明，高质量产品通过高收入国家较高的消费比重、较低的需求波动和较低的市场集中度（更多样化的出口市场）稳定了出口销售，该回归结果很好地支持了我们的理论假设。

我们进一步采用逐步回归法检验了出口波动和产出波动的关系，表 5-14 报告了估计结果，第（1）列是不加任何控制变量和固定效应的基准回归。由于出口增长率和产出增长率会影响出口波动和产出波动，因此在第（2）列控制了出口增长率和产出增长率。同时考虑到需求波动也会影响出口波动和产出波动，在第（3）列进一步控制了需求波动。第（4）列继续控制了企业的主要特征（包括全要素生产率、总销售收入、总资产、职工人数、工资、杠杆率和企业年龄），第（5）列又控制了行业和地区固定效应。在逐步回归的过程中，结果显示出口波动与产出波动显著正相关的关系非常稳定。对于制造业出口企业，企业总产出可以分为两个部分，一部分产出出口到国外市场，一部分产出销售到国内市场，于是产出波动可以分解为出口波动和国内波动，出口波动是总产出波动的一

---

① 完全中介的情况较少，Preacher 和 Hayes（2008）认为应该放弃完全中介的概念，将所有中介都看作部分中介。

② 中介效应比率（z）的算法（温忠麟，2014）：$z=ab/c$，a 是出口质量对中介变量的估计系数，c 是出口质量对出口波动的估计系数，b 是控制了出口质量对出口波动的影响之后，中介变量对出口波动的估计系数。

表 5-13　中介效应模型估计结果（拓展性分析）

	M1	M2			M3			M4		
	vol_e	vol_e	vol_e	vol_e	cons_h	vol_d	herf	vol_e	vol_e	vol_e
	(1)	(2)	(3)	(4)	(5)	(6)	(7)	(8)	(9)	(10)
cuality	−0.146***				0.127***	−0.253***	−0.0279***	−0.0896***	−0.137***	−0.173***
	(0.0327)				(0.00613)	(0.0139)	(0.00385)	(0.0329)	(0.0330)	(0.0345)
cons_h		−0.302***						−0.447***		
		(0.0407)						(0.0352)		
vol_d			0.0435***						0.0357**	
			(0.0155)						(0.0156)	
herf				0.234***						0.218***
				(0.0617)						(0.0617)
控制变量	是	是	是	是	是	是	是	是	是	是
固定效应	是	是	是	是	是	是	是	是	是	是
Observations	22,874	22,874	22,874	20,997	22,874	22,874	20,997	22,874	22,874	20,997
R-squared	0.157	0.171	0.157	0.154	0.188	0.054	0.071	0.163	0.157	0.155

注：回归方程中的控制变量包括出口平均增长率、出口销售额、总资产、职工人数、平均工资、杠杆率和全要素生产率。下表同。

部分，因此出口波动与产出波动呈现出显著正相关的关系。所以我们可以得出结论，出口质量更高的企业通过供给侧多样化效应和需求侧收入效应降低了出口波动，进而降低了总产出波动越小。

表5-14 出口波动与产出波动关系的估计结果（拓展性分析）

	vol_output				
	（1）	（2）	（3）	（4）	（5）
vol_e	0.197***	0.197***	0.203***	0.200***	0.201***
	（56.86）	（56.88）	（54.92）	（54.59）	（55.13）
growthrate_export		−0.018	−0.037	−0.019	−0.002
		（−0.77）	（−1.43）	（−0.73）	（−0.08）
growthrate_output		0.131***	0.147***	0.102***	0.118***
		（4.20）	（4.38）	（3.05）	（3.53）
vol_demand			0.001	0.021***	0.023***
			（0.25）	（4.56）	（4.60）
控制变量	否	否	否	是	是
固定效应	否	否	否	否	是
Observations	24，763	24，763	21，754	21，746	21，746
R-squared	0.115	0.116	0.123	0.142	0.159

注：圆括号内的值为 t 统计量。

五、企业异质性估计

为检验上文基本特征事实中出口波动核密度图中的现象，进一步对不同技术水平企业、一般贸易企业和加工贸易企业进行分类回归。对不同技术水平企业的估计结果报告在表5-15第（1）到第（3）列。特别的是，发现低中技术企业的出口质量与出口波动的关系均显著为负，但是高技术企业的出口质量与出口波动的关系显著为正，金融危机期间低中技术企业出口高质量产品可以抑制出口波动，但是高技术企业出口高质量产品却造成出口波动更大，这说明危机冲击对高技术行业的高质量产品影响更大。而对于一般贸易企业和加工贸易企业，出口质量与出口波动的关系均显著为负。

表 5-15　分类估计结果（拓展性分析）

	低技术企业	中技术企业	高技术企业	一般贸易企业	加工贸易企业
	（1）	（2）	（3）	（4）	（5）
quality	-0.227^{***} （0.0695）	-0.329^{***} （0.100）	0.255^{***} （0.0921）	-0.0758^{**} （0.0350）	-0.160^{***} （0.0480）
控制变量	是	是	是	是	是
固定效应	是	是	是	是	是
Observations	7,459	3,427	2,389	19,935	10,147
R-squared	0.177	0.170	0.194	0.162	0.151

注：圆括号内的值为标准误。下表同。

对于不同技术水平行业，为什么企业出口质量与出口波动的关系不同？我们进一步用中介效应模型进行分类检验寻找可能的原因。表 5-16 汇报了低技术行业中介效应模型的 OLS 估计结果。第（1）列汇报了出口质量与出口波动的关系，第（2）列到第（4）列汇报了中介变量对与出口波动的关系，第（5）列到第（7）列汇报了出口质量与中介变量的关系，第（8）列到第（10）列汇报了控制出口质量之后中介变量对与出口波动的关系。回归结果显示：市场集中度和需求波动的中介效应均不显著，高收入国家的消费份额是遮掩效应[①]而不是中介效应，出口质量与高收入国家的消费份额显著负相关，说明低技术行业的高质量产品并非主要被高收入国家消费。

表 5-17 汇报了中技术行业中介效应模型的 OLS 估计结果。第（1）列汇报了出口质量与出口波动的关系，第（2）列到第（4）列汇报了中介变量对与出口波动的关系，第（5）列到第（7）列汇报了出口质量与中介变量的关系，第（8）列到第（10）列汇报了控制出口质量之后中介变量对与出口波动的关系。回归结果显示：只有高收入国家消费份额的中介效应显著，市场集中度和需求波动的中介效应均不显著，说明对于中技术行业的企业，高质量产品主要通过高收入国家较高的消费比重稳定了出口销售。

表 5-18 汇报了高技术行业中介效应模型的 OLS 估计结果。回归结果显示：出口质量与出口波动显著为正，高收入国家消费份额和市场集中度是遮掩效应，需求波动是中介效应，说明高质量产品通过高收入国家较高的消费比重和市场多样化稳定了出口销售，而通过较高的需求波动加剧了出口波动。因此，对于高技术行业，金融危机对高质量产品的需求冲击更大，这是出口质量与出口波动关系显著为正的一个原因。

---

① ab 和 c' 的符号，如果同号，属于部分中介效应，如果异号，属于遮掩效应。a 是出口质量对中介变量的估计系数，b 是控制了出口质量对出口波动的影响之后，中介变量对出口波动的估计系数，c' 是出口质量对出口波动的估计系数。

表 5-16　低技术行业中介效应模型估计结果（拓展性分析）

	M1	M2		M2	M3			M4		
	vol_e	vol_e	vol_e	vol_e	cons_h	vol_d	herf	vol_e	vol_e	vol_e
	(1)	(2)	(3)	(4)	(5)	(6)	(7)	(8)	(9)	(10)
quality	-0.254*** (0.0647)				-0.0556*** (0.0114)	-0.236*** (0.0111)	0.00309 (0.00741)	-0.271*** (0.0647)	-0.241*** (0.0667)	-0.300*** (0.0690)
cons_h		-0.298*** (0.0655)						-0.313*** (0.0656)		
vol_d			0.111* (0.0660)						0.0517 (0.0679)	
herf				-0.0476 (0.112)						-0.0452 (0.112)
控制变量	是	是	是	是	是	是	是	是	是	是
固定效应	是	是	是	是	是	是	是	是	是	是
Observations	7,459	7,459	7,459	6,933	7,459	7,459	6,933	7,459	7,459	6,933
R-squared	0.172	0.172	0.170	0.166	0.189	0.085	0.104	0.174	0.172	0.168

表 5-17 中技术行业中介效应模型估计结果（拓展性分析）

	M1	M2			M3				M4	
	vol_e	vol_e	vol_e	vol_e	cons_h	vol_d	herf	vol_e	vol_e	vol_e
	(1)	(2)	(3)	(4)	(5)	(6)	(7)	(8)	(9)	(10)
quality	-0.341^{***}				0.0542^{***}	-0.374^{***}	-0.00473	-0.309^{***}	-0.348^{***}	-0.418^{***}
	(0.101)				(0.0154)	(0.0319)	(0.0106)	(0.100)	(0.103)	(0.106)
cons_h		-0.606^{***}						-0.585^{***}		
		(0.111)						(0.111)		
vol_d			0.0180						-0.0182	
			(0.0531)						(0.0540)	
herf				0.444^{**}						0.439^{**}
				(0.180)						(0.179)
控制变量	是	是	是	是	是	是	是	是	是	是
固定效应	是	是	是	是	是	是	是	是	是	是
Observations	3,427	3,427	3,427	3,121	3,427	3,427	3,121	3,427	3,427	3,121
R-squared	0.160	0.164	0.157	0.152	0.137	0.075	0.057	0.166	0.160	0.156

表 5-18 高技术行业中介效应模型估计结果（拓展性分析）

	M1	M2			M3			M4		
	vol_e	vol_e	vol_e	vol_e	cons_h	vol_d	herf	vol_e	vol_e	vol_e
	(1)	(2)	(3)	(4)	(5)	(6)	(7)	(8)	(9)	(10)
quality	0.213** (0.0905)				0.167*** (0.0160)	0.253*** (0.0834)	0.0386*** (0.0102)	0.259*** (0.0925)	0.213** (0.0905)	0.238** (0.0962)
cons_h		−0.205* (0.114)						−0.274** (0.116)		
vol_d			0.0644** (0.0251)						0.0359** (0.0154)	
herf				−0.429** (0.205)						−0.470** (0.205)
控制变量	是	是	是	是	是	是	是	是	是	是
固定效应	是	是	是	是	是	是	是	是	是	是
Observations	2,389	2,389	2,389	2,119	2,389	2,389	2,119	2,389	2,389	2,119
R-squared	0.189	0.189	0.188	0.186	0.134	0.062	0.060	0.191	0.190	0.188

六、稳健性检验

(一)内生性问题

考虑到可能存在的内生性问题,企业的出口质量影响出口波动,反过来出口波动可能潜在地影响出口质量,我们进一步使用历史工具变量克服内生性问题(刘金东和常皓,2016)。具体地,选择 2006 年的出口质量和中介变量作为工具变量,因变量为 2007 年到 2011 年企业的出口波动,自变量为 2007 年的出口质量,然后进行两阶段最小二乘法(2SLS)估计。我们首先采用 Durbin-Wu-Hausman 检验方法对出口质量的内生性做严格的检验,得到其检验统计量为 2.7,伴随概率为 0.09,表明在 10% 水平上拒绝"企业出口质量是外生"的原假设。表 5-19 显示了工具变量估计结果,与前文普通最小二乘回归结果一致,考虑内生性问题后中介效应比率上升到 50.2%。

(二)样本选择问题

在前文的分析中,用连续 6 年出口的企业作为样本,这样会失去大量样本造成样本选择偏差。为此,我们借鉴 Vannoorenberghe 等(2016)的做法增加出口企业的样本,分别选择企业出口年份大于 5 年和出口年份大于 4 年的两组数据,再进行中介效应模型检验。表 5-20 汇报了出口年份大于 5 年的样本中介效应模型估计结果,表 5-21 汇报了出口年份大于 4 年的样本中介效应模型估计结果。回归结果显示:需求侧收入效应和供给侧多样化效应是部分中介效应,高质量产品通过高收入国家较高的消费比重、较低的需求波动和较低的市场集中度(更多样化的出口市场)稳定了出口销售,该回归结果与基准回归结果一致。

(三)企业出口波动的其他测算方法

在前文,我们用出口增长率的标准差衡量出口波动。为了稳健起见,这里进一步采用残差法重新测算出口波动(Veirman 和 Levin,2012)。企业出口的不确定增长率用企业实际出口增长率除去可预见因素后的残差项衡量,而出口波动用残差项的标准差估计,计算公式如下:

$$g_{it} = \ln(r_{it}) - \ln(r_{it-1}) = \alpha_0 + \alpha_1 X + \eta_{it} \qquad (5.28)$$

其中 g 为企业实际出口增长率,r 为企业出口销售额,X 为控制变量向量,控制了企业固定效应和时间-行业固定效应,η 为方程的残差项。然后根据残差项计算出口波动(vol_e):

$$vol\_e = StdDev(\eta_{it}) \qquad (5.29)$$

表 5-22 汇报了残差法测算出口波动的稳健性分析估计结果,本节中介效应模型的核心结论并不随着企业出口波动测算方法的改变而改变,出口质量通过需求侧收入效应和供给侧多样化效应抑制了出口波动。

表 5-19　工具变量估计结果（拓展性分析）

	M1		M2		M3			M4		
	vol_e	vol_e	vol_e	vol_e	cons_h_2007	vol_d_2007	herf_2007	vol_e	vol_e	vol_e
	(1)	(2)	(3)	(4)	(5)	(6)	(7)	(8)	(9)	(10)
quality_2007	-0.146***				0.135***	-0.282***	-0.0302***	-0.144***	-0.140***	-0.334***
	(0.0478)				(0.00720)	(0.0167)	(0.00447)	(0.0477)	(0.0478)	(0.0438)
cons_h_2007		-0.507***						-0.403***		
		(0.0547)						(0.0433)		
vol_d_2007			0.0642**						0.0433**	
			(0.0254)						(0.0176)	
herf_2007				0.355***						0.234***
				(0.0923)						(0.0657)
控制变量	是	是	是	是	是	是	是	是	是	是
固定效应	是	是	是	是	是	是	是	是	是	是
Observations	22,874	22,874	22,874	20,647	22,874	22,874	21,519	22,874	22,874	20,997
R-squared	0.060	0.063	0.059	0.042	0.191	0.050	0.065	0.063	0.060	0.045

表5-20　企业出口年份大于5年的样本中介效应模型估计结果（拓展性分析）

	M1		M2		M3			M4		
	vol_e	vol_e	vol_e	vol_e	cons_h	vol_d	herf	vol_e	vol_e	vol_e
	(1)	(2)	(3)	(4)	(5)	(6)	(7)	(8)	(9)	(10)
quality	-0.163*** (0.0373)				0.126*** (0.00588)	-0.254*** (0.0133)	-0.0296*** (0.00370)	-0.187*** (0.0337)	-0.228*** (0.0337)	-0.251*** (0.0354)
cons_h		-0.328*** (0.0419)						-0.425*** (0.0363)		
vol_d			0.0578*** (0.0160)						0.0449*** (0.0161)	
herf				0.234*** (0.0638)						0.210*** (0.0638)
控制变量	是	是	是	是	是	是	是	是	是	是
固定效应	是	是	是	是	是	是	是	是	是	是
Observations	25,329	25,329	25,329	23,185	25,329	25,329	23,185	25,329	25,329	23,185
R-squared	0.046	0.048	0.035	0.035	0.181	0.053	0.072	0.042	0.037	0.037

表 5-21　企业出口年份大于 4 年的样本中介效应模型估计结果（拓展性分析）

	M1		M2		M3				M4	
	vol_e	vol_e	vol_e	vol_e	cons_h	vol_d	herf	vol_e	vol_e	vol_e
	(1)	(2)	(3)	(4)	(5)	(6)	(7)	(8)	(9)	(10)
quality	-0.169*** (0.0376)				0.123*** (0.00567)	-0.247*** (0.0128)	-0.0318*** (0.00355)	-0.174*** (0.0340)	-0.205*** (0.0341)	-0.230*** (0.0359)
cons_h		-0.284*** (0.0421)						-0.353*** (0.0365)		
vol_d			0.0543*** (0.0161)						0.0431*** (0.0162)	
herf				0.197*** (0.0645)						0.174*** (0.0646)
控制变量	是	是	是	是	是	是	是	是	是	是
固定效应	是	是	是	是	是	是	是	是	是	是
Observations	27,607	27,607	27,607	25,208	27,607	27,607	25,208	27,607	27,607	25,208
R-squared	0.038	0.039	0.030	0.030	0.178	0.051	0.072	0.034	0.031	0.031

表 5-22　稳健性分析：残差法测算出口波动（拓展性分析）

	M1		M2		M3			M4		
	vol_c	vol_c	vol_c	vol_c	cons_h	vol_d	herf	vol_e	vol_e	vol_e
	(1)	(2)	(3)	(4)	(5)	(6)	(7)	(8)	(9)	(10)
quality	-0.137*** (0.0314)				0.129*** (0.00612)	-0.254*** (0.0138)	-0.0279*** (0.00384)	-0.0855*** (0.0311)	-0.123*** (0.0311)	-0.160*** (0.0320)
cons_h		-0.337*** (0.0392)						-0.404*** (0.0339)		
vol_d			0.0590*** (0.0150)						0.0519*** (0.0151)	
herf				0.128** (0.0584)						0.114* (0.0585)
控制变量	是	是	是	是	是	是	是	是	是	是
固定效应	是	是	是	是	是	是	是	是	是	是
Observations	22,895	22,895	22,895	21,017	22,895	22,895	21,017	22,895	22,895	21,017
R-squared	0.033	0.047	0.033	0.033	0.186	0.054	0.071	0.039	0.034	0.034

第四节　本 章 小 结

本章利用 2000—2011 年中国工业企业数据和海关贸易数据，采用 Hausman 和 Hidalgo（2010）基于能力理论的反射法测算的产品内出口复杂度来衡量出口质量，对第二章理论机制中的技术和市场效应进行检验。然后进一步对企业异质性中的不同贸易方式、不同所有制和不同技术水平进行检验。最后进行拓展性分析，考察金融危机期间出口质量对出口波动的影响。实证结果基本验证了理论机制中的命题 3 到命题 6，即产品质量的提升通过中间投入的多样化和人力资本因素降低了产出波动。同时出口质量可以通过需求侧的收入效应和供给侧的多样化效应抑制产出波动。

实证分析得出以下结论：第一，出口质量是企业异质性特征之一，出口质量越高的企业产出波动越小，并且更倾向持续存在；第二，对于不同特征的企业，轻型制造业企业、低中技术企业和一般贸易企业的产出波动与出口质量的负向关系更为显著；第三，我国增长越快的企业波动也越大，原因可能是企业盲目求快发展忽视了发展的稳定性，也可能是企业快速发展中的创新效应使企业产出波动更大；第四，在同时检验技术效应和市场效应时发现，对于我国制造业企业出口质量抑制企业产出波动的驱动因素主要是技术效应中的人力资本密集度。

在拓展性分析中，考察了 2006—2011 年金融危机期间出口质量对出口波动和总产出波动的影响，得出以下结论：第一，在金融危机期间整体上我国制造业企业出口质量先下降后上升，在 2007 年下降到最低点，之后虽然缓慢上升，但是没有超过金融危机之前的水平。不同技术水平行业的出口质量都呈现缓慢下降的趋势，高技术行业的出口质量下降的幅度最大；第二，企业出口质量越高出口波动越小，说明出口质量较高的企业在一定程度上能够抵御冲击，出口增长相对稳定。但是高技术行业的企业出口质量越高出口波动越大，说明金融危机对该类产品的冲击较大；第三，需求侧收入效应和供给侧多样化效应是出口质量抑制出口波动的部分中介效应，中介效应占总效应的 50.2%（考虑内生性问题后）。出口质量较高的企业通过高收入国家较高的消费比重、较低的需求波动和较低的市场集中度（更多样化的出口市场）抑制了出口波动；第四，出口波动与产出波动显著正相关，因此出口质量更高的企业通过供给侧多样化效应和需求侧收入效应降低了出口波动，进而降低了总产出波动。第五，对于高技术行业的企业，高收入国家消费份额和市场集中度是遮掩效应，需求波动是中介效应，该类高质量产品通过高收入国家较高的消费比重和市场多样化抑制了出口波动，而通过较高的需求波动加剧了出口波动。

第六章 研究结论与政策启示

本章将对中国制造业企业出口质量与产出波动的演变特征、出口质量提升影响产出波动的微观理论机制以及实证检验结果进行总结。根据理论和实证研究的主要结论，提出在供给侧结构性改革的背景下，通过国际贸易的"高质量"发展战略抵御外部冲击进而降低经济波动，实现"稳增长"的政策建议。

第一节　主要结论

本书从 2008 年全球经济危机之后我国经济波动加剧的事实出发，针对现有研究对出口质量的经济波动效应重视不足，尤其是缺乏微观理论机制的解释，提出本书待研究的问题：中国制造业企业出口质量与产出波动呈现了怎样的特征事实和演变趋势？中国制造业企业出口质量提升是否会影响产出波动？出口质量提升是增加了风险进而加剧了产出波动，还是抵御了外部冲击进而降低了产出波动？出口质量又是如何影响了产出波动，两者之间关系的微观理论机制是什么？

首先，研究出口质量提升影响产出波动的微观理论机制。基于质量异质性模型中对消费者效应和出口质量的基本设定，借鉴波动与出口的理论分析框架、不完美契约模型、劳动分工模型以及能力理论的思想，建立数理模型分析了理论机制里的出口强度效应和技术效应。同时，基于"新新国际贸易理论"和产出波动的相关理论，构建概念模型分析了市场效应，说明出口质量提升通过供给侧多样化效应和需求侧收入效应影响产出波动的理论机制。

其次，利用 2000—2013 年海关贸易数据库和工业企业数据库，采用 KSW 方法测算了企业-产品-目的地-年份四维的出口产品质量，并进一步将出口质量进行二元动态分解。同时用标准差法和残差法测算了企业产出波动，并把产出波动分解为出口波动和国内波动。在测算的基础上对出口质量与产出波动从行业维度、地区维度、企业异质性维度进行特征事实的静态、动态和比较分析。

最后，实证检验出口质量提升影响产出波动的理论机制。依次检验了出口强度效用、技术效应和市场效应。同时，对不同贸易方式、不同所有制、不同要素密集度以及不同技术水平进行企业异质性检验。在拓展性分析中，进一步考察出口质量二元边际对总产出波动的影响，以及金融危机期间出口质量对出口波动的影响。

本书的研究丰富了有关国际贸易与经济发展关系的文献，并为我国经济新常态下"高质量发展"和"调结构、稳增长"的战略提供了理论与实证的支持。通过以上研究，得出以下主要结论。

一、中国制造业企业出口质量的特征及演变趋势

2000—2013 年中国制造业企业整体出口质量的演变经历了增长—下降—增长三个阶段。2000—2002 年缓慢上升，加入 WTO 之后增长较快，2007 年金融危机之后快速下降，2011 年之后又逐步上升。通过对出口质量二元边际分解发现，第一个阶段出口质量增长的主要原因是持续出口产品质量的升级，同时加入 WTO 之前出口市场存在一定的错配现象，加入 WTO 之后出口市场错配现象得到一定的改善。第二个阶段出口质量下降的主要原因是受金融危机的冲击持续出口产品质量的下降和较高质量产品的退出。第三阶段出口质量增长的主要原因是持续出口产品质量的升级和较高质量产品的进入。说明金融危机之后，制造业企业出口质量升级的动力加强。

对于制造业行业出口质量，资本和技术密集型行业的出口质量较高，特别的是，纺织业和服装业出口质量较高，说明我国服装制造业在国际贸易中具有比较优势。2000—2013 年大部分行业出口质量没有明显上升，呈现震荡趋势，出口质量升级动力不足。但是高技术行业出口质量有小幅提升，尤其是金融危机之后提升较快。对于地区出口质量，虽然长三角地区和珠三角地区同是国际贸易发达地区，但是长三角地区出口质量较高，珠三角地区出口质量较低，同时中西部地区出口质量较低。

对于不同类型的异质性企业，加工贸易企业的出口质量大于一般贸易企业，一般贸易企业的出口质量在金融危机期间震荡更大，可能是由于一般贸易企业的国外市场销售渠道不稳固，受到的冲击更大。非国有企业出口质量大于国有企业，原因是非国有企业中包含外资企业，外资企业的出口质量较高，并且国有企业的出口质量升级动力不足。技术密集型企业的出口质量大于资本密集型，资本密集型又大于劳动密集型，技术密集型和劳动密集型企业的出口质量小幅上升，资本密集型企业的出口质量没有上升也没有下降。

二、中国制造业企业产出波动的特征及演变趋势

2008 年全球经济危机之后，中国制造业企业整体产出波动加剧了 81.04%，出口波动加剧了 181.82%，出口波动比产出波动更加剧烈。此外，加入 WTO 时期产出波动也加剧了。

对于行业产出波动，所有行业的产出波动都呈现逐步加剧的趋势，低技术行业和高技术行业产出波动更加剧烈，中技术行业产出波动较小，可能是由于低技术行业替代弹性较大，受需求波动的影响较大，而高技术行业由于创新带来的风险加剧了波动。

对于地区产出波动，东部地区出口波动明显大于总产出波动和国内波动，并且出口波动相比国内波动和总产出波动，受经济危机的影响更大，这个特征事实在中西部地区表现不明显，说明贸易强度大的地区风险更大。

对于不同类型的异质性企业，一般贸易企业的产出波动大于加工贸易企业，可能是由于加工贸易企业销售渠道较稳定，受到的各种冲击较小。一般贸易企业的出口波动明显大于国内波动。国有企业的总产出波动和国内波动并没有逐步加剧的趋势，说明非国有企业

受外部冲击的影响更大，国有企业的发展较为稳定。相对于资本技术密集型企业，劳动密集型企业的出口波动明显大于国内波动和总产出波动，这是因为劳动密集型产品替代弹性较大，所以出口波动更为剧烈。

三、出口质量提升通过出口强度效应降低了产出波动

本书基于 G. Vannoorenberghe（2012）波动与出口的理论分析框架，引入企业出口质量异质性，建立均衡模型，刻画出口强度效应的理论机制。发现对于有内外销售市场并且连续出口的企业，出口质量的提升通过出口强度的增加降低了出口波动，加剧了国内波动，国内外销售的负相关关系是该结论背后的原因。对于总产出波动，当出口强度小于门槛值，出口质量的提升降低了总产出波动，大于门槛值则结果相反。

在理论机制分析的基础上，利用 2000—2013 年中国工业企业数据库和海关贸易数据库中的制造业产品—企业大样本数据，采用中介效应模型和门槛效应模型检验出口强度效应。实证结论与理论命题基本一致，企业出口质量提升能够降低出口波动，但是没有起到降低国内波动的作用。企业出口强度是出口质量影响出口波动、国内波动和总产出波动的部分中介效应。对总产出波动的影响，企业出口强度有门槛效应，当出口强度小于 0.411时，出口质量的提升能够起到降低总产出波动的作用。对于不同类型企业，加工贸易企业出口质量的提升可以降低出口波动，资本和技术密集型企业出口质量的提升加剧了国内波动和总产出波动。进一步实证检验出口质量的二元边际，即集约边际（持续出口产品效应）和扩展边际（进入/退出产品效应）对产出波动的影响，发现持续出口产品质量的提升能够起到抑制出口波动的作用，新进和退出产品质量的提升均加剧了出口波动和总产出波动。

四、出口质量提升通过技术效应降低了产出波动

本书基于 Blanchard 和 Kremer（1997）的不完美契约模型和 Costinot（2009）的劳动分工模型的理论框架，进一步引入能力理论的思想，分析技术效应的理论机制，技术效应主要包括中间品投入的多样化效应和人力资本效应。能力理论假设在生产产品时需要大量投入品，这些投入品包括有形的投入品和无形的投入品（例如技能、管理等），后一种投入品称之为能力。产品的质量越高，生产时需要越多的中间投入。当中间投入较多时，总产出由大量不相关冲击的组合决定，风险分散，因此波动较小。本书在分析技术效应的理论机制中，借鉴 Krishna 和 Levchenko（2013）的设定，用生产所需中间投入的数量定义产品内复杂度，中间投入包括有形的投入和无形的投入，比如技术、人力资本等，产品内复杂度可以作为产品质量的代理变量。通过数理模型的推导得出结论，产品质量的提升通过中间投入的多样化和人力资本因素降低了产出波动。

在理论机制分析的基础上，同样利用中国制造业企业数据，采用 OLS 回归模型和Heckman 选择模型检验技术效应。实证结论与理论命题基本一致，出口质量越高的企业产出波动越小，并且更倾向持续存在。在同时检验技术效应中的中间品投入多样化效应和人力资本效应时发现，对于我国制造业企业出口质量抑制企业产出波动的驱动因素主要是技

术效应中的人力资本密集度。

实证检验还发现，对于不同特征的企业，轻型制造业企业、低中技术企业和一般贸易企业的产出波动与出口质量的负向关系更为显著。同时，2000—2006年间，我国增长越快的企业波动也越大，原因可能是企业盲目求快发展忽视了发展的稳定性，也可能是企业快速发展中的创新效应使企业产出波动更大。

五、出口质量通过市场效应降低了产出波动

本书基于"新新国际贸易理论"和产出波动的相关理论，建立概念模型分析市场效应。市场效应包括供给侧多样化效应和需求侧收入效应。供给侧多样化效应指产品质量高的企业出口市场更加多样化，而出口市场的多样化能够起到抑制产出波动的作用。需求侧收入效应指高质量产品一般被高收入国家的高收入群体消费，而这部分消费群体的收入比较稳定，对高质量产品的需求也比较稳定，进而稳定了高质量产品的产出。企业的出口产品质量影响了企业产品的供给和需求，多样化的供给和高收入群体的需求进一步影响了产出波动，因此供给侧多样化效应和需求侧收入效应是出口质量影响产出波动的重要渠道。

在理论机制分析的基础上，进行实证检验发现，对于中国制造业企业，2000—2006年金融危机之前，市场效应并没有显现出来。但是在2006—2011年金融危机期间，出口质量通过市场效应降低了出口波动，进而降低了总产出波动。市场效应是出口质量抑制出口波动的部分中介效应，中介效应占总效应的50.2%（考虑内生性问题后）。出口质量较高的企业通过高收入国家较高的消费比重、较低的需求波动和较低的市场集中度（更多样化的出口市场）抑制了出口波动，进而抑制了总产出波动。说明市场供需对外部冲击的反应更加敏感，因此当面临危机冲击时，市场效应成为出口质量降低产出波动的中介效应。对于高技术行业的企业，高收入国家消费份额和市场集中度是遮掩效应，需求波动是中介效应，该类高质量产品通过高收入国家较高的消费比重和市场多样化抑制了出口波动，而通过较高的需求波动加剧了出口波动。

第二节 政策启示

一、提升出口质量，抵御外部冲击

2018年国务院政府工作报告提出"高质量发展"，表明中国经济由高速增长阶段进入高质量发展阶段。改革开放40年以来，中国充分利用丰富的低端要素优势，积极融入全球要素分工体系，以开放的姿态承接西方产业和技术转移。抓住了全球化带来的机遇，取得了经济发展的巨大成就，成了世界制造业中心。但是，随着以中国为代表的新兴经济体的崛起，世界经济格局发生了转折性变化。发达经济体纷纷转向保护主义，以中国为代表的发展中国家倡导自由贸易和建立开放型的世界经济。中国的开放，一直受到"低端锁定""妨碍自主创新"以及"只赚数字不赚钱"等质疑。"逆全球化"思潮的泛滥，发达国家对中国企业技术升级的压制，一方面对中国继续获取开放红利带来了严峻挑战，另一方面

也是中国出口质量升级、国际贸易转型的战略机遇。

本书研究发现，2000—2013 年大部分行业出口质量没有明显上升，长江三角洲地区出口质量较高，珠江三角洲地区和中西部地区出口质量较低，国有企业出口质量较低，整体上出口质量升级动力不足。我们要坚持以提高质量和核心竞争力为中心，坚持创新驱动发展，扩大高质量产品供给，推动外贸向优质优价转变，加快建设贸易强国。减少对国外核心技术的依赖，避免中兴事件的尴尬，实现从"世界工厂"到科技大国的转变。过去中国依靠进出口中的"技术溢出效应"，引进、模仿和吸收国外先进技术，现在我们除了学习模仿，更重要的是依靠自己的力量掌握核心技术，从过去的要素和投资驱动转向创新驱动，从过去的以数量和价格优势取胜转向以质量和技术取胜。

值得关注的是，本书研究发现出口质量的提升一定程度上可以降低产出波动。因此，经济新常态下面临新问题新挑战，国际经贸关系更加复杂，更要坚持国际贸易供给侧结构性改革，坚持国际贸易的高质量发展，为抵御外部冲击提供坚韧力量，为保持经济稳定增长提供动力支持。为实现国家调结构、稳增长的战略目标，企业可以在以下方面加强工作：(1)形成企业自己独有的比较优势，加强技术创新，发扬"工匠精神"，加强品牌建设，提高产品竞争力；(2)增加高质量产品在高收入国家的消费比重可以降低企业的产出波动；(3)通过出口市场适当多样化降低出口波动和产出波动，可以借助"一带一路"倡议的发展机遇，加强与沿线国家的贸易往来；(4)避免盲目求快发展和急功近利，保持企业的稳定增长和可持续发展。

二、适度调整出口导向战略，转变贸易发展方式

本书的理论和实证结果得出：出口质量对总产出波动的影响存在出口强度门槛效应，当出口强度小于 0.411 时，出口质量的提升能够起到降低总产出波动的作用。因此，从稳定企业发展的角度出发，应该适度调整出口导向的外贸策略，因为企业的出口强度并不是越大越好，当出口强度越过一定的门槛值，出口质量的提升将不能够发挥抑制总产出波动的作用。①

改革开放四十年来，我国出口贸易总额从 1978 年的 168 亿元增长至 2017 年的277900 亿元，增长了约 1653 倍。加入 WTO 之后，2013 年进出口货物总额突破 4 万亿美元，超越美国成为全球第一大贸易国，中国成为"出口导向型"经济的典型代表。出口导向战略使我国成为贸易大国，但不是贸易强国，特别是 2008 年全球经济危机之后，出口导向的发展模式难以为继，贸易转型的压力来自国际和国内两个方面。从国际方面来看，中国庞大的贸易规模和迅速增长的市场份额，引起了美国的高度警觉和狙击，以及其他国家的恐慌。从国内方面来看，出口导向的发展模式引起价格扭曲，导致资源错配，并且我国出口导向的比较优势逐渐弱化，开放红利逐渐被挤压。同时，出口导向战略下的加工贸易模式在供给层面上虽然产生了正向的技术溢出效应，但是在需求层面上造成了负向的市

---

① 岳文和韩剑(2017)的研究也认为企业的出口强度并不是越高越好，当企业的出口强度超过一定的临界值后，出口强度的进一步增加反而不利于企业的技术升级。

场挤出效应，而且使我国一直处在全球价值链的低端位置，不利于国际贸易的转型升级。因此，我国需要适度调整出口导向战略。

虽然需要适度回调出口导向发展模式，但是对外开放的基本国策不能忘，以开放促改革、促发展，是中国现代化建设的重要法宝，只是转变贸易发展方式成为新一轮开放的重要使命。首先，在迈向贸易强国的过程中，中国不仅要继续巩固世界工厂的地位，还应增强技术创新能力，提升出口产品质量，向全球价值链高端攀升。其次，促进对外贸易平衡发展。具体措施包括：（1）不仅对发达国家开放，而且对发展中国家开放，加强与"一带一路"沿线国家的经贸合作；（2）不仅要稳定出口，而且要扩大进口，促进国内供给质量的提升，满足人民群众消费需求的升级①；（3）不仅要稳定国外市场，更要开拓国内市场。中国自身有着庞大的国内市场，应该鼓励企业适应或创造国内需求，避免国际冲击对企业稳定发展的影响。通过构建"内需引致出口"的制度环境，矫正脱离本土需求的扭曲性出口模式，形成依托国内大市场的内生外贸发展机制，是中国重塑外贸升级根本动力的重要途径；（4）不仅继续发展加工贸易，更要鼓励一般贸易企业自主创新，加快贸易结构转型升级。2018 年上半年我国一般贸易进出口增长了 12.2%，比 2017 年同期提升了 2.3%，说明我国贸易结构有了进一步优化。

三、发挥人力资本新优势，推动出口质量升级

本书得出结论：我国制造业企业出口质量抑制企业产出波动的驱动因素主要是人力资本因素。近年来我国从"人口红利"向"人才红利"转变，"人口红利"指的是劳动力的数量优势带来的红利，"人才红利"指的是劳动力的质量优势带来的红利。近年来我国劳动力受教育时间大幅提高，每年约有 700 万名本科生、硕博士研究生毕业，而且理工科学生占比比较高，这是中国的一大优势。应该充分利用人力资本新优势，推动出口质量的提升，进而降低企业的产出波动。在所有生产要素中，劳动力这一要素最为关键，人力资本是一切创新活动的载体，是比较优势的核心要素。劳动者素质的提高不仅能够提升全要素生产率，而且能够提高技术溢出的吸收能力。如果我们要提高出口质量，在全球价值链的中高端获得比较优势，就一定要加大创新型人力资本投资，突破人力资本对我国技术创新的制约，充分利用"人才红利"推动经济的稳定增长。

国家统计局资料显示，2012—2016 年的 5 年时间，15～59 岁劳动人口减少 1900 万人。据人口学家预测，2020 年 15～24 岁青年劳动人口将比 2010 年减少 4700 万人。我国传统意义上的"人口红利"逐渐消失。但是，劳动者受教育年限不断提高，劳动力素质不断提升，"人口红利"向"人才红利"转变。劳动者平均受教育年限由 2000 年的 7.4 年提高到 2015 年的 10.2 年，新增劳动者平均受教育年限已超过 13.3 年。同时，到 2016 年底留学回国人员总数达 265.11 万人，迎来中华人民共和国成立以来规模最大的海归潮。而且，高素质劳动者会加大对自身与下一代的教育投入，进而加速人力资本积累。此外，经过改

---

① 2018 年 7 月 9 日国务院办公厅转发商务部等部门《关于扩大进口促进对外贸易平衡发展的意见》。

革开放 40 年的发展,我国产业人力资本有一定的规模和成本优势。与发达国家相比,我国产业研发人员的成本较低,而在数量与多样性上又优于其他发展中国家。

但是,根据 Wind 数据库统计显示,到 2015 年美国的高等教育入学率为 87%,我国仅为 39%。此外,美国的教育支出占 GDP 的比重也明显高于我国,在人力资本上我国与美国等发达国家相比仍存在很大差距。为加速技术创新,推动出口质量提升,在人力资本方面政府可以采取以下措施:(1)加大人力资本的投入、培育和引进。人力资本积累除了依靠自主培育外,更要实施国际人才战略,吸引全球各国高端人才到中国学习、工作和创业;(2)实现人力资本的均衡配置。不仅要培养高端研发人才,也要培养一大批适应新时代、新技术的高技能产业工人。不仅要增加教育投入,更要重视人才培养与市场需求的有效对接,为高素质劳动力提供与之相匹配的工作岗位。重视人力资本结构与制造业结构的匹配关系,调整高等教育学科结构,增加高新技术领域等相关学科的设置;(3)地方政府实施补贴政策,在住房、医疗、子女入学等方面为各类人才提供帮助,从而降低企业人力资本投入的成本,促进企业自主创新。同时政府要大力推进产学研一体化,提高科研成果转化效率,减少对外资和引进技术的依赖。

四、防范和化解出口质量升级过程中的风险

出口质量升级的过程中,由于技术创新、产品升级换代和资源的重新配置等带来的风险不可避免地会引起产出波动。每一种新技术的创新、每一种新产品的推出都需要巨大的成本,成本越高风险越大。熊彼特提出"创造性毁灭",从创新的角度诠释了经济周期波动理论,他认为创新的过程是创造性破坏的过程,即从内部不断破坏旧的经济结构形成新的经济结构的过程。打破旧的均衡建立新的均衡,引起产业结构的变化,经济经历收缩与繁荣,进而形成经济周期波动。

本书得出结论:高技术行业的产出波动更加剧烈,一般贸易企业的产出波动大于加工贸易企业,非国有企业的产出波动大于国有企业。同时,新进和退出产品质量的提升均加剧了出口波动和总产出波动。根据本书结论,政府可以有针对性地防范和化解出口质量升级过程中的风险,保证经济的稳定增长:(1)对于资本和技术密集型行业,需要特别防范由创新带来的潜在风险加剧经济波动,应该循序渐进的推进高质量发展,不可急功近利、拔苗助长;(2)重视出口质量升级中由于产品的进退而引起的产出波动,引导高质量产品的进入和低质量产品的退出,尽量避免出现出口市场错配现象;(3)通过政府研发补贴引导大型国有企业对关键技术、核心技术领域的研发创新,加快经济增长向创新驱动转变;(4)通过创新责任化来化解技术创新所带来的风险,使技术创新从研发到应用的整个过程中受到责任限制,实现负责任创新,真正使技术创新成为推动出口产品质量升级,进而稳定经济增长的强大力量。

参 考 文 献

[1] 鲍晓华, 金毓. 出口质量与生产率进步: 收入分配的影响力[J]. 财经研究, 2013, 39 (08): 64-74.

[2] 陈俊龙, 牛月. 市场不确定性、政府规制与产能过剩分析[J]. 软科学, 2018, 32 (10): 38-42.

[3] 陈昆亭, 龚六堂. 中国经济增长的周期与波动的研究——引入人力资本后的 RBC 模型 [J]. 经济学(季刊), 2004(03): 803-818.

[4] 陈鹏. 对供给侧结构性改革的经济哲学和政治经济学分析[J]. 马克思主义与现实, 2018(03): 49-56.

[5] 陈蓉. 进出口产品多样化对产出波动的影响——基于中国制造业的经验研究[J]. 财经 理论研究, 2017(02): 14-21.

[6] 陈诗一, 陈登科. 雾霾污染、政府治理与经济高质量发展[J]. 经济研究, 2018(02): 20-34.

[7] 陈勇兵, 王晓伟, 符大海, 等. 出口真的是多多益善吗?——基于广义倾向得分匹配 的再估计[J]. 财经研究, 2014, 40(05): 100-111.

[8] 戴觅, 茅锐. 外需冲击、企业出口与内销: 金融危机时期的经验证据[J]. 世界经济, 2015(01): 81-104.

[9] 丁任重, 李标. 供给侧结构性改革的马克思主义政治经济学分析[J]. 中国经济问题, 2017(01): 3-10.

[10] 樊海潮, 郭光远. 出口价格、出口质量与生产率间的关系: 中国的证据[J]. 世界经 济, 2015(02): 58-85.

[11] 方福前. 供给侧结构性改革需回答的两个问题[J]. 理论探索, 2016(03): 5-9.

[12] 郭俊华, 卫玲, 边卫军. 新时代新常态视角下中国产业结构转型与升级[J]. 当代经 济科学, 2018(06): 139-190.

[13] 郭克莎. 中国经济发展进入新常态的理论根据——中国特色社会主义政治经济学的分 析视角[J]. 经济研究, 2016(09): 4-16.

[14] 韩超, 朱鹏洲. 改革开放以来外资准入政策演进及对制造业产品质量的影响[J]. 管 理世界, 2018(10): 43-62.

[15] 洪银兴. 培育新动能: 供给侧结构性改革的升级版[J]. 经济科学, 2018(03): 5-13.

[16] 洪银兴. 以创新的理论构建中国特色社会主义政治经济学的理论体系[J]. 经济研究, 2016(04): 4-13.

[17]胡鞍钢, 周绍杰, 任皓. 供给侧结构性改革: 适应和引领中国经济新常态[J]. 清华大学学报(哲学社会科学版), 2016, 31(02): 17-22.

[18]黄群慧. 论中国工业的供给侧结构性改革[J]. 中国工业经济, 2016(09): 5-23.

[19]黄先海, 金泽成, 余林徽. 出口、创新与企业加成率: 基于要素密集度的考量[J]. 世界经济, 2018, 41(05): 125-146.

[20]黄先海, 金泽成, 余林微. 基于生产函数法的企业盈利能力估计及其比较研究[J]. 统计研究, 2016, 33(06): 42-51.

[21]黄秀路, 葛鹏飞, 武宵旭. 中国工业产能利用率的地区行业交叉特征与差异分解[J]. 数量经济技术经济研究, 2018(09): 60-77.

[22]黄永明, 张文洁. 出口复杂度的国外研究进展[J]. 国际贸易问题, 2012(03): 167-176.

[23]黄赜琳, 朱保华. 中国的实际经济周期与税收政策效应[J]. 经济研究, 2015, 50(03): 4-17, 114.

[24]贾康, 苏京春. 论供给侧改革[J]. 管理世界, 2016(03): 1-24.

[25]蒋银娟. 国际贸易是否抑制了企业层面产出波动——基于进口中间品多样化角度[J]. 财贸研究, 2016(05): 48-57.

[26]蒋银娟. 研发投入能否降低企业产出波动[J]. 南方经济, 2016, 34(02): 13-27.

[27]李坤望, 王有鑫. FDI 促进了中国出口产品质量升级吗? ——基于动态面板系统 GMM 方法的研究[J]. 世界经济研究, 2013(05): 60-66.

[28]李小平, 李小克. 偏向性技术进步与中国工业全要素生产率增长[J]. 经济研究, 2018(10): 82-96.

[29]李小平, 周记顺, 卢现祥, 等. 出口的"质"影响了出口的"量"吗? [J]. 经济研究, 2015, 50(08): 114-129.

[30]李小平, 周记顺, 王树柏. 中国制造业出口复杂度的提升和制造业增长[J]. 世界经济, 2015(02): 31-57.

[31]李小平, 代智慧, 彭书舟. 出口复杂度影响了产出波动吗——来自中国制造业企业的证据[J]. 国际贸易问题, 2018(11): 45-58.

[32]李小平, 代智慧. 出口质量影响了出口波动吗——金融危机时期的经验证据[J]. 贵州财经大学学报, 2018(06): 1-14.

[33]李雪冬, 江可申, 夏海力. 供给侧改革引领下双三角异质性制造业要素扭曲及生产率比较研究[J]. 数量经济技术经济研究, 2018(05): 24-39.

[34]李艳, 杨汝岱. 地方国企依赖、资源配置效率改善与供给侧改革[J]. 经济研究, 2018(02): 80-94.

[35]李扬. 新征程 新挑战[J]. 金融评论, 2013, 5(01): 1-6.

[36]李卓, 蒋银娟. 研发创新抑制波动机制分析——基于企业生产供给波动视角[J]. 经济理论与经济管理, 2016(06): 72-87.

[37]厉以宁. 持续推进供给侧结构性改革[J]. 中国流通经济, 2017, 31(01): 3-8.

[38]厉以宁. 中国经济双重转型的启示[J]. 南方企业家, 2016(03): 36-37.

[39]廖涵, 谢靖. "性价比"与出口增长: 中国出口奇迹的新解读[J]. 世界经济, 2018, 41(02): 95-120.

[40]廖清成, 冯志峰. 供给侧结构性改革的认识误区与改革重点[J]. 求实, 2016(04): 54-60.

[41]林毅夫. 供给侧改革的短期冲击与问题研究[J]. 河南社会科学, 2016, 24(01): 2-4.

[42]林毅夫. 新常态下中国经济的转型和升级: 新结构经济学的视角[J]. 新金融, 2015(06): 4-8.

[43]刘灿雷, 王永进, 李宏兵. 出口产品质量分化与工资不平等——来自中国制造业的经验证据[J]. 财贸经济, 2018, 39(01): 101-117.

[44]刘金东, 常皓. 税收超 GDP 增长的主导因素: 征管效率还是存量资产? [J]. 西部论坛, 2016, 26(02): 23-33.

[45]刘世锦. 要素市场改革: 供给侧改革重点[J]. 人民论坛, 2015(24): 30-30.

[46]刘现伟. 培育企业家精神激发创新创业活力[J]. 宏观经济管理, 2017(03): 41-45.

[47]刘瑶, 丁妍. 中国 ICT 产品的出口增长是否实现了以质取胜——基于三元分解及引力模型的实证研究[J]. 中国工业经济, 2015(01): 52-64.

[48]刘元春. 论供给侧结构性改革的理论基础[J]. 理论参考, 2016(02): 49-49.

[49]卢锋. 如何理解供给侧结构性改革[J]. 河南社会科学, 2016, 24(01): 6-8.

[50]马建堂. 加快发展新经济 培育壮大新动能[J]. 行政管理改革, 2016(09): 4-6.

[51]毛其淋, 许家云. 外资进入如何影响了本土企业出口国内附加值? [J]. 经济学(季刊), 2018, 17(04): 1453-1488.

[52]梅冬州, 赵晓军. 资产互持与经济周期跨国传递[J]. 经济研究, 2015, 50(04): 62-76.

[53]聂辉华, 江艇, 杨汝岱. 中国工业企业数据库的使用现状和潜在问题[J]. 世界经济, 2012(05): 142-158.

[54]欧阳志刚. 中国经济增长的趋势与周期波动的国际协同[J]. 经济研究, 2013(07): 35-48.

[55]逄锦聚. 马克思生产、分配、交换和消费关系的原理及其在经济新常态下的现实意义[J]. 经济学家, 2016, 2(02): 5-15.

[56]裴广一, 黄光于. 建设现代化经济体系视域下供给侧结构性改革: 理论、经验与路径[J]. 学术研究, 2018(07): 103-110.

[57]裴长洪. 中国特色开放型经济理论研究纲要[J]. 经济研究, 2016, 51(04): 14-29.

[58]钱学锋, 王胜, 陈勇兵. 中国的多产品出口企业及其产品范围: 事实与解释[J]. 管理世界, 2013(01): 9-27.

[59]强永昌, 龚向明. 出口多样化一定能减弱出口波动吗——基于经济发展阶段和贸易政策的效应分析[J]. 国际贸易问题, 2011(01): 12-19.

［60］饶晓辉，刘方. 政府生产性支出与中国的实际经济波动［J］. 经济研究，2014，49（11）：17-30.

［61］沈坤荣. 供给侧结构性改革是经济治理思路的重大调整［J］. 南京社会科学，2016（02）：1-3.

［62］施炳展. FDI是否提升了本土企业出口产品质量［J］. 国际商务研究，2015，36（02）：5-20.

［63］施炳展. 中国出口增长的三元边际［J］. 经济学（季刊），2010，9（04）：1311-1330.

［64］施炳展. 中国企业出口产品质量异质性：测度与事实［J］. 经济学（季刊），2014，13（01）：263-284.

［65］苏丹妮，盛斌，邵朝对. 产业集聚与企业出口产品质量升级［J］. 中国工业经济，2018（11）：117-135.

［66］苏剑. 供给管理的历史渊源和逻辑思路［J］. 中国经济报告，2016（01）：22-23.

［67］孙宁华，曾磊. 间歇式制度创新与中国经济波动：校准模型与动态分析［J］. 管理世界，2013（12）：22-31.

［68］孙浦阳，张龑，黄玖立. 出口行为、边际成本与销售波动——基于中国工业企业数据的研究［J］. 金融研究，2015（09）：159-173.

［69］孙小明. 新常态下低碳产业的机遇与发展模式选择［J］. 资源开发与市场，2016，32（08）：989-994.

［70］田国强. 中国经济增速放缓为何无需过度焦虑［J］. 人民论坛，2016（21）：80-82.

［71］田巍，余淼杰. 企业出口强度与进口中间品贸易自由化：来自中国企业的实证研究［J］. 管理世界，2013（01）：28-44.

［72］铁瑛，黄建忠，高翔. 劳动力成本上升、加工贸易转移与企业出口附加值率攀升［J］. 统计研究，2018，35（06）：43-45.

［73］童行健. 供给学派并非是供给侧结构性改革的理论渊源［J］. 经济研究导刊，2016（10）：1-4，25.

［74］王国静，田国强. 金融冲击和中国经济波动［J］. 经济研究，2014，49（03）：20-34.

［75］王明益. 中国出口产品质量提高了吗［J］. 统计研究，2014，31（05）：24-31.

［76］温忠麟，叶宝娟. 中介效应分析：方法和模型发展［J］. 心理科学进展，2014，22（05）：731-745.

［77］吴敬琏. 以供给侧改革应对"四降一升"挑战［J］. 中国经贸导刊，2016（03）：27-28.

［78］许家云，毛其淋，胡鞍钢. 中间品进口与企业出口产品质量升级：基于中国证据的研究［J］. 世界经济，2017，40（03）：52-75.

［79］杨伟民. 适应引领经济发展新常态 着力加强供给侧结构性改革［J］. 宏观经济管理，2016（01）：4-6.

［80］易会文，黄汉民. 企业出口市场多元化可以减弱出口波动吗？——以制造业为例［J］. 北京工商大学学报（社会科学版），2014，29（06）：37-46.

［81］易先忠，包群，高凌云等. 出口与内需的结构背离：成因及影响［J］. 经济研究，

2017, 52(07)：79-93.

[82]余淼杰, 张睿. 中国制造业出口质量的准确衡量：挑战与解决方法[J]. 经济学(季刊), 2017, 16(02)：463-484.

[83]袁航, 朱承亮. 国家高新区推动了中国产业结构转型升级吗[J]. 中国工业经济, 2018(08)：60-77.

[84]袁申国, 陈平, 刘兰凤. 汇率制度、金融加速器和经济波动[J]. 经济研究, 2011(01)：57-70, 139.

[85]岳文, 韩剑. 异质性企业、出口强度与技术升级[J]. 世界经济, 2017, 40(10)：48-71.

[86]张其仔, 李蕾. 制造业转型升级与地区经济增长[J]. 经济与管理研究, 2017, 38(2)：97-111.

[87]张少军. 外包造成了经济波动吗? ——来自中国省级面板的实证研究[J]. 经济学(季刊), 2013, 12(02)：621-648.

[88]张先锋, 陈永安, 吴飞飞. 出口产品质量升级能否缓解中国对外贸易摩擦[J]. 中国工业经济, 2018(07)：43-61.

[89]张冀, 孙浦阳. 需求网络结构、销售策略与出口波动：来自中国企业的证据[J]. 世界经济, 2017, 40(03)：76-98.

[90]张永亮, 邹宗森. 进口种类、产品质量与贸易福利：基于价格指数的研究[J]. 世界经济, 2018, 41(01)：123-147.

[91]张卓元. 供给侧改革是适应新形势的主动选择[J]. 河南科技, 2016(03)：7-7.

[92]周鑫琴, 罗长田. 激发创新创业活力需要企业家精神[J]. 人民论坛, 2017(35)：76-77.

[93]Acemoglu, D., Carvalho, V. M. and Ozdaglar, A., et al. The Network Origins of Aggregate Fluctuations[J]. Econometrica, 2012, 80(5)：1977-2016.

[94]Acemoglu, D., Johnson, S. and Robinson, J. A. The Colonial Origins of Comparative Development：An Empirical Investigation[J]. American Economic Review, 2001, 91(5)：1369-1401.

[95]Adolfson, M., Lindé, J. and Villani, M. Bayesian Analysis of DSGE Models—Some Comments[J]. Econometric Reviews, 2007, 26(2-4)：173-185.

[96]Aiginger, K. The Use of Unit Values to Discriminate between Price and Quality Competition[J]. Cambridge Journal of Economics, 1997, 21(5)：571-592.

[97]Aiyagari, S. R., Christiano, L. J. and Eichenbaum, M. The Output, Employment, and Interest Rate Effects of Government Consumption[J]. Journal of Monetary Economics, 1992, 30(1)：73-86.

[98]Álvarez, R. and Claro, S. David Versus Goliath：The Impact of Chinese Competition on Developing Countries[J]. World Development, 2009, 37(3)：560-571.

[99]Baldwin, R. and Harrigan, J. Zeros, Quality, and Space：Trade Theory and Trade Evi-

dence[J]. American Economic Journal: Microeconomics, 2011, 3(2): 60-88.

[100] Baron, R. M. and Kenny, D. A. The Moderator-Mediator Variable Distinction in Social Psychological Research: Conceptual, Strategic, and Statistical Considerations[J]. Journal of Personality and Social Psychology, 1986, 51(6): 1173-1182.

[101] Beck, T., Lundberg, M. and Majnoni, G. Financial Intermediary Development and Growth Volatility: Do Intermediaries Dampen or Magnify Shocks? [R]. The World Bank Policy Research Working Paper Series, No. 2707, 2001.

[102] Becker, G. S. and Murphy, K. M. The Division of Labor, Coordination Costs, and Knowledge[J]. The Quarterly Journal of Economics, 1992, 107(4): 1137-1160.

[103] Bejan, M. Trade Openness and Output Volatility[R]. MPRA Working Paper, No. 2759, 2006.

[104] Bekaert, G., Harvey, C. R. and Lundblad, C. Growth Volatility and Financial Liberalization[J]. Journal of International Money and Finance, 2006, 25(3): 370-403.

[105] Ber, H., Blass, A. and Yosha, O. Monetary Policy in an Open Economy: The Differential Impact on Exporting and Non-Exporting Firms[R]. CEPR Discussion Paper, No. 3191, 2002.

[106] Bils, M. and Klenow, P. J. The Acceleration of Variety Growth[J]. American Economic Review, 2001, 91(2): 274-280.

[107] Blanchard, O. and Kremer, M. Disorganization[J]. The Quarterly Journal of Economics, 1997, 112(4): 1091-1126.

[108] Bown, C. P. Protectionism in on the Rise: Antidumping Investigations[M]// Baldwin, R. and Evenett, S. The Collapse of Global Trade, Murky Protectionism, and the Crisis: Recommendations for the G20. London: Center For Economic Policy Research, 2009: 55-57.

[109] Bown, C. P. and Crowley, M. A. Trade Deflection and Trade Depression[J]. Journal of International Economics, 2007, 72(1): 176-201.

[110] Brandt, L., Van Biesebroeck, J. and Zhang, Y. Creative Accounting or Creative Destruction? Firm-Level Productivity Growth in Chinese Manufacturing[J]. Journal of Development Economics, 2012, 97(2): 339-351.

[111] Buch, C. M., Döpke, J. and Stahn, K. Great Moderation at the Firm Level? Unconditional Versus Conditional Output Volatility[R]. Bundesbank Series 1 Discussion Paper, No. 2008, 13, 2008.

[112] Buch, C. M., Döpke, J. and Strotmann, H. Does Export Openness Increase Firm-Level Output Volatility? [J]. World Economy, 2009, 32(4): 531-551.

[113] Caselli, S., Gandolfi, G. and Soana, M. G. The Impact of Sovereign Rating News on European Banks[J]. European Financial Management, 2016, 22(1): 142-167.

[114] Chaney, T. Distorted Gravity: The Intensive and Extensive Margins of International Trade

[J]. American Economic Review, 2008, 98(4): 1707-1721.

[115] Comin, D. and Philippon, T. The Rise in Firm-Level Volatility: Causes and Consequences[J]. NBER Macroeconomics Annual, 2005, 20: 167-201.

[116] Costinot, A. On the Origins of Comparative Advantage[J]. Journal of International Economics, 2009, 77(2): 255-264.

[117] Crozet, M., Head, K. and Mayer, T. Quality Sorting and Trade: Firm-Level Evidence for FrenchWine[J]. The Review of Economic Studies, 2011, 79(2): 609-644.

[118] Davis, S. J., Haltiwanger, J. and Jarmin, R., et al. Volatility and Dispersion in Business Growth Rates: Publicly Traded Versus Privately Held Firms[R]. NBER Working Paper, No. 12354, 2006.

[119] De Veirman, E. and Levin, A. T. When Did Firms Become More Different? Time-varying Firm-specific Volatility in Japan[J]. Journal of the Japanese & International Economies, 2012, 26(4): 578-601.

[120] Di Giovanni, J. and Levchenko, A. A. Country Size, International Trade, and Aggregate Fluctuations in Granular Economies[J]. Journal of Political Economy, 2012, 120(6): 1083-1132.

[121] Di Giovanni, J. and Levchenko, A. A. The Risk Content of Exports: A Portfolio View of International Trade[J]. NBER International Seminar on Macroeconomics, 2012, 8(1): 97-151.

[122] Di Giovanni, J., Levchenko, A. A. and Mejean, I. Firms, Destinations, and Aggregate Fluctuations[J]. Econometrica, 2014, 82(4): 1303-1340.

[123] Dinopoulos, E. and Unel, B. A Simple Model of Quality Heterogeneity and International Trade[J]. Journal of Economic Dynamics & Control, 2013, 37(1): 68-83.

[124] Driscoll, J. C. and Kraay, A. C. Consistent Covariance Matrix Estimation with Spatially Dependent Panel Data[J]. Review of Economics and Statistics, 1998, 80(4): 549-560.

[125] Duncan, R. Institutional Quality, the Cyclicality of Monetary Policy and Macroeconomic Volatility[J]. Journal of Macroeconomics, 2014, 39: 113-155.

[126] Easterly, W. and Fischer, S. Inflation and the Poor[J]. Journal of Money Credit & Banking, 2001, 33(2): 160-178.

[127] Eaton, J., Kortum, S. and Kramarz, F. An Anatomy of International Trade: Evidence from French Firms[J]. Econometrica, 2011, 79(5): 1453-1498.

[128] Evrensel, A. Y. Corruption, Growth, and Growth Volatility[J]. International Review of Economics & Finance, 2010, 19(3): 501-514.

[129] Fajgelbaum, P., Grossman, G. M. and Helpman, E. Income Distribution, Product Quality, and International Trade[J]. Journal of Political Economy, 2011, 119(4): 721-765.

[130] Fasil, C. B. and Borota, T. World Trade Patterns and Prices: The Role of Productivity and Quality Heterogeneity[J]. Journal of International Economics, 2013, 91(1): 68-81.

[131] Feenstra, R. C. and Romalis, J. International Prices and Endogenous Quality[J]. The Quarterly Journal of Economics, 2014, 129(2): 477-527.

[132] Fernandes, A. M., Freund, C. and Pierola, M. D. Exporter Behavior, Country Size and Stage of Development: Evidence from the Exporter Dynamics Database[J]. Journal of Development Economics, 2016, 119: 121-137.

[133] Fernandez, R. and Rodrik, D. Resistance to Reform: Status Quo Bias in the Presence of Individual-Specific Uncertainty [J]. The American Economic Review, 1991, 81(5): 1146-1155.

[134] Flam, H. and Helpman, E. Vertical Product Differentiation and North-South Trade[J]. The American Economic Review, 1987, 77(5): 810-822.

[135] Fogli, A. and Perri, F. Macroeconomic Volatility and External Imbalances[J]. Journal of Monetary Economics, 2015, 69: 1-15.

[136] Gabaix, X. The Granular Origins of Aggregate Fluctuations[J]. Econometrica, 2011, 79(3): 733-772.

[137] Gervais, A. Product Quality, R&D Investment, and International Trade[R]. Society for Economic Dynamics Meeting Papers, No. 1335, 2011.

[138] Grossman, G. M. and Helpman, E. Quality Ladders in the Theory of Growth[J]. The Review of Economic Studies, 1991, 58(1): 43-61.

[139] Hallak, J C. Product Quality and the Direction of Trade[J]. Journal of International Economics, 2006, 68(1): 238-265.

[140] Hallak, J. C. and Schott, P. K. Estimating Cross-Country Differences in Product Quality [J]. The Quarterly Journal of Economics, 2011, 126(1): 417-474.

[141] Hallak, J. C. and Sivadasan, J. Product and Process Productivity: Implications for Quality Choice and Conditional Exporter Premia[J]. Journal of International Economics, 2013, 91(1): 53-67.

[142] Hallak, J. C. Product Quality and the Direction of Trade[J]. Journal of International Economics, 2006, 68(1): 238-265.

[143] Haltiwanger, J. Aggregate Growth: What Have We Learned from Microeconomic Evidence? [R]. Economics Department Working Paper, No. 267, 2000.

[144] Harrigan, J. and Barrows, G. Testing the Theory of Trade Policy: Evidence from the Abrupt End of the Multifiber Arrangement [J]. The Review of Economics and Statistics, 2009, 91(2): 282-294.

[145] Haruyama, T. and Zhao, L. Trade and Firm Heterogeneity in a Quality-Ladder Model of Growth[J]. Research Institute for Economics & Business Administration, Kobe University, Discussion Paper, No. 223, 2008.

[146] Hausmann, R. and Hidalgo, C. Country Diversification, Product Ubiquity, and Economic Divergence[R]. HKS Working Paper, No. Rwp10-045, 2010.

[147] Hausmann, R. , Hwang, J. and Rodrik, D. What You Export Matters [J]. Journal of Economic Growth, 2007, 12(1): 1-25.

[148] Helble, M. and Okubo, T. Heterogeneous Quality Firms and Trade Costs [R]. The World Bank Policy Research Working Paper Series, No. 4550, 2008.

[149] Hummels, D. and Klenow, P. J. The Variety and Quality of a Nation's Exports [J]. American Economic Review, 2005, 95(3): 704-723.

[150] Imbs, J. Growth and Volatility [J]. Journal of Monetary Economics, 2007, 54(7): 1848-1862.

[151] Ireland, P. Money's Role in the Monetary Business Cycle [J]. Journal of Money, Credit and Banking, 2004, 36(6): 969-983.

[152] Jarreau, J. and Poncet, S. Export Sophistication and Economic Growth: Evidence from China [J]. Journal of Development Economics, 2012, 97(2): 281-292.

[153] Juvenal, L. and Santos Monteiro, P. Export Market Diversification and Productivity Improvements: Theory and Evidence from Argentinean Firms [R]. Federal Reserve Bank of St. Louis Working Papers, No. 2013-015A, 2013.

[154] Khandelwal, A. K. , Schott, P. K. and Wei, S. J. Trade Liberalization and Embedded Institutional Reform: Evidence from Chinese Exporters [J]. American Economic Review, 2013, 103(6): 2169-2195.

[155] Khandelwal, A. The Long and Short (of) Quality Ladders [J]. The Review of Economic Studies, 2010, 77(4): 1450-1476.

[156] Koren, M. and Tenreyro, S. Technological Diversification [J]. American Economic Review, 2013, 103(1): 378-414.

[157] Koren, M. and Tenreyro, S. Volatility and Development [J]. The Quarterly Journal of Economics, 2007, 122(1): 243-287.

[158] Kraay, A. and Ventura, J. Comparative Advantage and the Cross-Section of Business Cycles [J]. Journal of the European Economic Association, 2007, 5(6): 1300-1333.

[159] Kremer, M. The O-Ring Theory of Economic Development [J]. The Quarterly Journal of Economics, 1993, 108(3): 551-575.

[160] Krishna, P. and Levchenko, A. A. Comparative Advantage, Complexity, and Volatility [J]. Journal of Economic Behavior & Organization, 2013, 94: 314-329.

[161] Kugler, M. and Verhoogen, E. Prices, Plant Size, and Product Quality [J]. The Review of Economic Studies, 2012, 79(1): 307-339.

[162] Lawless, M. and Whelan, K. Where Do Firms Export, How Much and Why? [J]. The World Economy, 2014, 37(8): 1027-1050.

[163] Lin, S. C. and Kim, D. H. The Link between Economic Growth and Growth Volatility [J]. Empirical Economics, 2014, 46(1): 43-63.

[164] Linder, S. B. An Essay on Trade and Transformation [M]. New York: John Wiley &

Sons, 1961.

[165] Long, J. B. and Plosser, C. I. Real Business Cycles[J]. Journal of Political Economy, 1983, 91(1): 39-69.

[166] Maggioni, D., Turco, A. L. and Gallegati, M. Does Product Complexity Matter for Firms' Output Volatility? [J]. Journal of Development Economics, 2016, 121: 94-109.

[167] Mallick, D. Financial Development, Shocks, and Growth Volatility[J]. Macroeconomic Dynamics, 2014, 18(3): 651-688.

[168] Mandel, B. R. Heterogeneous Firms and Import Quality: Evidence from Transaction-Level Prices[R]. FRB International Finance Discussion Paper, No. 991, 2010.

[169] Manova, K. and Yu, Z. Multi-Product Firms and Product Quality[J]. Journal of International Economics, 2017, 109: 116-137.

[170] Manova, K. and Zhang, Z. Export Prices Across Firms and Destinations[J]. The Quarterly Journal of Economics, 2012, 127(1): 379-436.

[171] Melitz, M. J. and Polanec, S. Dynamic Olley-Pakes Productivity Decomposition with Entry and Exit[J]. Rand Journal of Economics, 2015, 46(2): 362 – 375.

[172] Melitz, M. J. The Impact of Trade on Intra-Industry Reallocations and Aggregate Industry Productivity[J]. Econometrica, 2003, 71(6): 1695-1725.

[173] Munch, J. R. and Nguyen, D. X. Decomposing Firm-Level Sales Variation[J]. Journal of Economic Behavior & Organization, 2014, 106: 317-334.

[174] Newbery, D. M. and Stiglitz, J. E. Pareto Inferior Trade[J]. The Review of Economic Studies, 1984, 51(1): 1-12.

[175] Philippon, T. An Explanation for the Joint Evolution of Firm and Aggregate Volatility[R]. NYU Working Paper, No. S-Drp-03-16, 2003.

[176] Poncet, S. and De Waldemar, F. S. Product Relatedness and Firm Exports in China[R]. The World Bank Policy Research Working Paper, No. 6676, 2013.

[177] Prescott, E. and Kydland, F. Time to Build and Aggregate Fluctuations[J]. Econometrica, 1982, 50(6): 1345-1370.

[178] Prescott, E. C. Theory Ahead of Business-Cycle Measurement[J]. Federal Reserve Bank of Minneapolis Quarterly Review, 1986, 10: 9-22.

[179] Ramey, G. and Ramey, A. Cross-Country Evidence on the Link between Volatility and Growth[J]. The American Economic Review, 1995, 85(5): 1138-1151.

[180] Rodrik, D. The 'Paradoxes' of the Successful State[J]. European Economic Review, 1997, 41(3-5): 411-442.

[181] Rodrik, D. What's So Special about China's Exports? [J]. China & World Economy, 2006, 14(5): 1-19.

[182] Rodrik, D. Why Do More Open Economies Have Bigger Governments? [J]. Journal of Political Economy, 1998, 106(5): 997-1032.

[183]Say, J. B. A Treatise on Political Economy: Or the Production, Distribution, and Consumption of Wealth[M]. Philadelphia: Grigg & Elliot, 1803.

[184]Schott, P. K. Across-Product Versus Within-Product Specialization in International Trade [J]. The Quarterly Journal of Economics, 2004, 119(2): 647-678.

[185]Schott, P. K. The Relative Sophistication of Chinese Exports[J]. Economic Policy, 2008, 23(53): 6-49.

[186]Shaver, J. M. The Benefits of Geographic Sales Diversification: How Exporting Facilitates Capital Investment[J]. Strategic Management Journal, 2011, 32(10): 1046-1060.

[187]Stokey, N. L. Human Capital, Product Quality, and Growth[J]. The Quarterly Journal of Economics, 1991, 106(2): 587-616.

[188]Tacchella, A., Cristelli, M. and Caldarelli, G., et al. Economic Complexity: Conceptual Grounding of a New Metrics for Global Competitiveness[J]. Journal of Economic Dynamics and Control, 2013, 37(8): 1683-1691.

[189]Tse, C. H., Yu, L. and Zhu, J. A Multimediation Model of Learning by Exporting: Analysis of Export-Induced Productivity Gains[J]. Journal of Management, 2017, 43(7): 2118-2146.

[190]Upward, R., Wang, Z. and Zheng, J. Weighing China's Export Basket: The Domestic Content and Technology Intensity of Chinese Exports[J]. Journal of Comparative Economics, 2013, 41(2): 527-543.

[191]Vannoorenberghe, G. Firm-Level Volatility and Exports[J]. Journal of International Economics, 2012, 86(1): 57-67.

[192]Vannoorenberghe, G., Wang, Z. and Yu, Z. Volatility and Diversification of Exports: Firm-Level Theory and Evidence[J]. European Economic Review, 2016, 89: 216-247.

[193]Verhoogen, E. A. Trade, Quality Upgrading, and Wage Inequality in the Mexican Manufacturing Sector[J]. The Quarterly Journal of Economics, 2008, 123(2): 489-530.

[194]Wagner, J. Is Export Diversification Good for Profitability? First Evidence fro Manufacturing Enterprises in Germany[J]. Applied Economics, 2014, 46(33): 4083-4090.

[195]Yu, M. Processing Trade, Tariff Reductions and Firm Productivity: Evidence from Chinese Firms[J]. The Economic Journal, 2011, 125(585): 943-988.

[196]Zhu, S. and Fu, X. Drivers of Export Upgrading[J]. World Development, 2013, 51: 221-233.